# 捨得歡喜

## 葛濟捨和孫慈喜的喜捨人生

典藏版

鄭茹菁 著

## 葛卓言

法號濟捨，曾任外科醫師、病理科主任、榮兆企業總經理、長島文協會長；成為慈濟志工後，承擔過長島聯絡處負責人、美國總會副執行長、美國總會執行長、美國醫療志業執行長、美國醫療基金會董事長。

## 孫筱培

法號慈喜，曾任榮兆企業董事長、長島文協董事；成為慈濟志工後，承擔過美國總會志工組組長、合心培訓幹事、和氣組長、合心組員、全美慈青總幹事、美國醫療基金會志工組長、全美人醫會副總幹事。

## 葛濟捨向證嚴法師請法——

問：如何讓「理想」變成「事實」？

答：理想不一定會成為事實，二者之間有一大段距離；事實要成為理想就比較簡單，所謂「人圓、事圓，理就圓」。能將人做好，人格為人肯定、信任，做事就簡單易成；人事都能做得好，道理自在其中。反之，空講一堆道理，本身卻不為別人信服、事情又做不好，理想與事實的距離就會拉得更遠了。

問：「圓融」與「原則」何者重要？

答：真正的好事必是用圓融的態度把握住原則，若因執著原則而尖尖地到處刺人，這種原則沒有用處。

1998 年 7 月 3 日，成立七年的慈濟人文學校紐約分校，首次舉辦三天兩夜的快樂健康營，圖為全體工作人員合影。

1994 年，葛濟捨擔任長島中華文教協會會長，舉辦第一屆長島「中國日」活動，成功凝聚當地華裔美人。

1999 年 2 月，美國、阿根廷慈濟志工組成賑災團隊至多明尼加喬治颶風重災區關懷。葛濟捨代表慈濟捐贈彩色筆給一所貧民小學。

1999 年 3 月 1 日，慈濟發起「賑濟中美洲，衣靠有情人」活動，募集到 60 個貨櫃物資，捐贈給颶風受災國。（攝影／釋德宸）

薩爾瓦多發生強震，2001 年 2 月 2 日美國、加拿大慈濟志工組成賑災團前往義診及發放，葛濟捨接受當地電視臺記者採訪。

2001 年 9 月 25 日，加州蒙羅維亞市府及警局召開記者會，葛濟捨在會中介紹慈濟 911 緊急家庭援助計畫。

2003 年 10 月 31 日，薩爾瓦多鄉米可慈濟大愛二村啟用典禮，樞機主教 Fernando Saenz Lacalle 蒞臨現場，祝福村民。（攝影／鄭茹菁）

2003 年 9 月 12 日，葛濟捨參與國際慈濟人醫會年會，帶動唱〈我們都是一家人〉。（攝影／林宜龍）

2007 年 6 月 29 日，美國加州參議員葛羅莉亞女士送來竹筒，將平日累積的善款捐給慈濟美國總會。（攝影／莊興華）

2008 年 3 月 29 日，葛濟捨、曾慈慧與美國聯邦緊急救災總署義工組織聯繫人代表 Charles Craig 合影。（攝影／楊婉娟）

2008 年 6 月 26 日，美國總會慈濟大愛幼兒園第二屆畢業典禮，葛濟捨、穆家蕙陪同校長葛西妮一起切蛋糕。（攝影／陳清旺）

2008 年 6 月 18 日，美國紅十字總會資深主任 Juliet Choi 與慈濟基金會美國總會代表葛濟捨簽署合作備忘錄。（攝影／葛傳富）

2009 年 1 月 13 日，葛甄蓉隨同父母葛濟捨、孫慈喜前往海地賑災，親身接觸受災民眾，深刻感受人間疾苦。（攝影／鄭純絹）

2008 年 3 月 28 日，葛濟捨、孫慈喜夫婦與女兒葛甄蓉，前往新加坡參加兒子葛兆平和兒媳余嘉慧的婚禮。

2009 年，葛甄蓉和夫婿沈維輝在美國總會舉行簡單隆重的婚禮，並將收到的紅包捐給慈濟。（攝影／鄭茹菁）

2017 年 7 月 15 日，孫家小妹萊培迎娶兒媳婦，姊妹們盛裝出席。六姊妹情深，不僅護持慈喜創事業，也支持她做慈濟。

2009 年 6 月 28 日，墨西哥瑪瑞塔慈濟小學畢業典禮，葛濟捨等慈濟志工與畢業生合影。（攝影／黃聖淵）

2010 年 10 月 23 日，美國總會舉辦「蔬國護照」回娘家活動，邀請民眾帶著自己的「蔬國護照」來分享素食心得。（攝影／李倩如）

2010 年 1 月 19 日，葛濟捨擔任海地地震賑災先遣小組隊長，於多明尼加邊界城市將緊急醫療用品等物資交予海地志工史帝夫。

2011 年 3 月 24 日，葛濟捨代表美國慈濟醫療志業基金會與美國全國器官捐贈協會簽訂合作協議。（攝影／林美雪）

2011 年 9 月 11 日，國際慈濟人醫會年會於花蓮靜思堂以「南非愛滋關懷」為題，舉辦記者會。（攝影／林士鈞）

2012 年 3 月，葛濟捨圓滿兩任美國總會執行長後，交棒給黃漢魁（左一），卸任後擔任副執行長。（攝影／駱淑麗）

2012 年 4 月 28 日，來自聖迪瑪斯市、洛杉磯、喜瑞都、爾灣及聖地牙哥的慈青們，齊聚參與南加州慈青聯誼。（攝影／羅媛元）

2013 年 3 月 1 日，葛濟捀帶領美國熊貓餐飲集團高階主管，前往花蓮慈濟參加全球實業家靜思生活營。

2013 年 5 月 11 日，慈濟 47 周年慶系列活動，熊貓餐飲集團總裁程正昌（右 2）等人參與並且支持活動。

一心想「沈潛」的葛濟捨，在證嚴法師點名下，於 2014 年 3 月再度承擔美國慈濟醫療志業基金會執行長一職。（攝影／駱淑麗）

25 年來，美國慈濟醫療志業不斷面臨轉型挑戰，除了義診，也擴大服務對象。圖為 2021 年於美國總會參與線上人醫年會。

邱淑霞（中）與妹妹自從到臺灣參加慈濟實業家營隊，回到美國後，即發心捐款，護持慈濟各項活動。

南加州慈濟法親常相聚一堂，前排左起陳淑燕、孫慈喜、鄒慶慶、鄭啟鳳，後排左起朱濟覺、葛濟捨、葛濟覺、周一帆。

實業家林家駒與張華容夫婦長期護持大愛電視臺，也積極參與美國新澤西州的慈濟活動。他們是葛濟捨生命中的貴人，亦師亦友。

長期護持慈濟的實業家蘇建華、詹雁如（右一、二）夫婦，和孫慈喜及其女兒葛甄蓉、女婿沈維輝參加慈善感恩音樂會。

2017 年 4 月，葛濟捨等美國志工返臺參加海外多國聯合董事會，分享會務與現況後聆聽證嚴法師開示。

2017 年 8 月 25 日，颶風哈維登陸美國德州，造成大規模淹水。期間，葛濟捨夫婦多次前往越棉寮社團，接受賑災捐款和大米。

2017 年 12 月 13 日，墨西哥強震受災鄉親向慈濟舉報貧病個案，陳福民與葛濟捨前往案家，指導傷口清創與後續照顧。（攝影／鄭茹菁）

美國熊貓餐飲集團捐款給慈濟協助哈維颶風賑災，黃漢魁、葛濟捨代表前往接受，感恩共襄善舉。（攝影／蔡松谷）

2017 至 2018 年期間，葛濟捨與孫慈喜為介紹美國慈濟志業，前往臺灣、美國、加拿大等地分享《捨得歡喜》中文版及英文版。

大成不銹鋼公司創辦人謝榮坤認同慈濟理念，不僅在公司推動資源回收、蔬食午餐等，也護持慈濟書刊的出版與發行。

葛濟捨和孫慈喜受邀前往國防醫學院，與醫學生們分享《捨得歡喜》一書，以及在美國推動慈濟醫療志業的種種。

《捨得歡喜》一書主人翁葛濟捨夫婦，藉由在各地舉辦新書發表會的機會，分享美國慈濟志業的發展。

2018 年 2 月 4 日，加州聖谷愛滿地聯絡處舉辦歲末祝福，政府及社區組織代表頒發感謝狀，肯定慈濟的付出。（攝影／顏國興）

2018 年 6 月 3 日，美國慈濟醫療志業舉辦健康日分享座談會，邀請蘇建華和葛濟覺分享創業甘苦談。（攝影／駱淑麗）

2018 年 8 月，葛濟捨參與加拿大慈濟人醫會第六屆中醫學術研討會，與來自中國大陸、日本等地中醫專家學者交流。

2018 年 9 月 1 日，美國、臺灣等地人醫會前往墨西哥義診，在德拉奇市舉辦地震周年祈福會。（攝影／鄭維元）

2019 年 3 月 29 日，國際慈濟人醫會全球論壇於美國總會舉辦。開幕儀式上，大家拉開旗幟合影。（攝影／ Victor Rocha）

2019 年慈濟全球人醫論壇期間，舉辦眼科大愛醫療巡迴車剪綵儀式，這兩輛車將開往紐約，造福美國東海岸民眾。（攝影／馬樂）

2019 年 7 月 15 日，美國慈濟人醫會在缺乏醫療的厄瓜多曼納比省曼塔市小漁村聖馬刁舉辦義診，葛濟捨與孫慈喜與美國醫療團隊合影。

2019 年 7 月 21 日，美國佛教慈濟醫療中心健康講座，葛濟捨呼籲民眾為自己的健康長壽做好專業性規畫。（攝影／駱淑麗）

2020 年 1 月 25 日，新春拜經共修後，美國總會志工手持心燈，以視訊連線向證嚴法師拜年。（攝影／黃友彬）

2020 年 7 月 15 日至 17 日，美國慈濟醫療基金會接受聯邦醫療機構認證聯合委員會評鑑，一次就通過高標準的嚴格審查。（攝影／駱淑麗）

2020 年 10 月 26 日成為「聯邦標準醫療中心」，慈濟醫療團隊可擴大服務更多病患。（攝影／駱淑麗）

2020 年 2 月，北嶺社區慈濟人帶動左鄰右舍投入新冠疫情募款，並自製防護面罩，提供給第一線醫護人員。

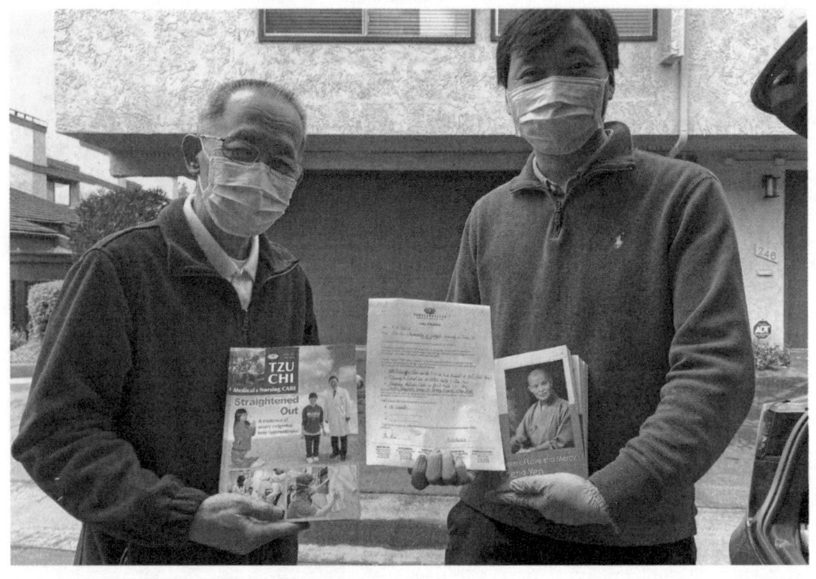


2020 年 2 月，李冰冰教授自行採買原料，用 3D 打印機製作幾千個防護面罩贈予慈濟，並協助將防疫物資送到中國大陸。

山谷長老會醫院的 N95 口罩即將告罄，肯・拉森四處為護理師女兒求口罩，所幸慈濟伸出援手，居中聯繫的張天駿協助搬運。

根據「請願單」，發放防疫物資予前往美國慈濟醫療中心提領的醫護團體，保護第一線醫護人員的安全。（攝影／駱淑麗）

美國慈濟醫療基金會捐贈防疫物資給凱薩醫院，由該院鄭卓漢醫師及主任代表接受。（攝影／駱淑麗）

2020 年 10 月 12 日，加州大學洛杉磯分校附設兒童骨科醫院頒發社區領導獎給美國慈濟醫療基金會，感謝慈濟及時捐贈防疫物資。

短短幾個月，慈濟已在超過六十八個機構捐贈大量防疫物資。收到防疫物資的美國醫護人員發送圖片表示感謝。

疫情期間，孫慈喜運用巧思，以五顏六色的蔬菜、水果做成米、麵、壽司等蔬食便當，推廣萬人萬餐救地球。（攝影／駱淑麗）

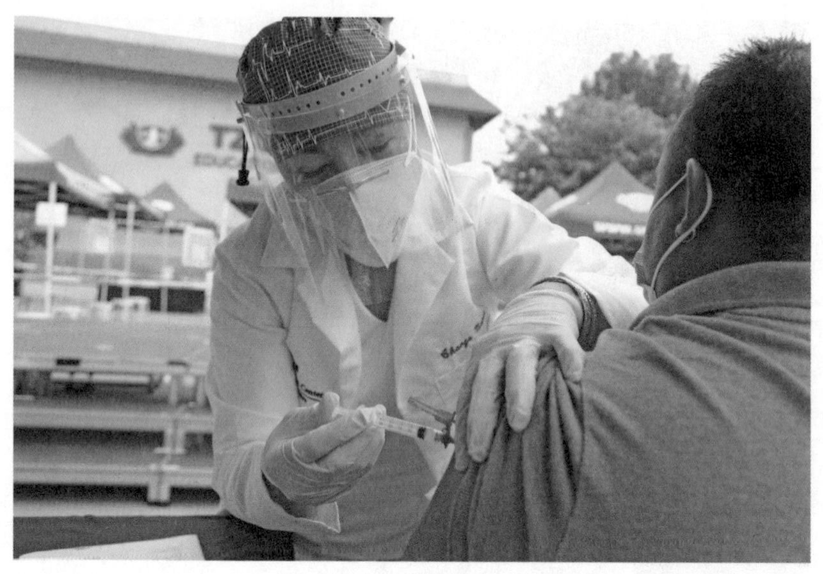

2021 年 2 月 25 日，美國慈濟醫療基金會為保障社區民眾健康，新冠疫苗申請批准後，隨即為符合資格的民眾施打。（攝影／駱淑麗）

2021 年 3 月 7 日，拉斯維加斯慈濟人醫會向地方政府申請新冠疫苗，再次獲得 500 劑，先為亞裔長者接種。（攝影／鄭茹菁）

2021 年 3 月 12 日，在法拉盛市政廳的臨時新冠疫苗注射點，紐約分會慈濟志工為不諳英語的華裔居民指引流程。（照片／楊廉提供）

2021 年 3 月 30 日，美國慈濟醫療基金會佛瑞斯諾行動醫療團隊與聖艾格尼絲醫療中心合作，為農民移工施打新冠疫苗。（攝影／溫俊強）

2021 年 5 月底，印尼慈濟人丘騰昌家人至美國慈濟醫療中心體檢，得知有人捐贈十萬多瓶洗手液，也發心助印慈濟標籤貼在瓶身。

2021 年 8 月 3 日，阿罕布拉警察局總部舉辦「社區防治犯罪之夜」，詹雁如和郭美娟向市民介紹慈濟健康講座。（攝影／駱淑麗）

2021 年 8 月 21 日，緬華華人協會前任會長黃國勝及妻子何玉琴盛情邀約美國慈濟醫療團隊分享，從醫療到慈善的「一條龍」服務。

2021 年 9 月 15 日，美國總會與太平洋診所合作，為弱勢族群提供眼科義診服務、免費配眼鏡及送乾洗手液給民眾防疫。（攝影／駱淑麗）

孫慈喜等志工將善心人士捐贈給慈濟的十萬多瓶洗手液，轉送給有需要的人，並提醒大家在疫情期間保護好自己。

2021 年 9 月 19 日，國際慈濟人醫年會線上研習，美國志工分享參加醫護品書會的收穫。（攝影／駱淑麗）

2021 年 9 月 19 日，國際慈濟人醫年會線上研習，黃美英（左）與鄒慶慶負責幕後工作。（攝影／駱淑麗）

2021 年 11 月 18 日，美國加州仁愛醫療基金會捐款予慈濟，支持慈濟購置兒科牙科設備，提供社區兒童服務。（攝影／駱淑麗）

葛濟捨主導的「永續募心發展室」在慈濟活動中擺攤位，孫慈喜、應似蓉及周中石向民眾推廣「大捨護法」計畫。

葛濟捨赴德州休士頓介紹「大捨護法」，接引有心留德子孫的善心大德，施國政醫師分享回饋。

充滿使命的志工薛麗兒（右一）於活動時，向民眾推廣美國慈濟醫療中心。（攝影／駱淑麗）

2022 年 4 月 16 日，1500 多人到訪慈濟美國總會園區參加健走活動，並行動支持美國慈濟的醫療和教育工作，葛濟捨在活動前致詞感恩大家「為健康而走」。（攝影／邱奕聞）

葛甄蓉在健走活動攤位前，鼓勵大家驗血建檔，參與捐髓救人行動。（攝影／岑慧意）（上圖）。健走活動結束後，孫慈喜、鄭茹菁與拉斯維加斯志工團隊交換募愛心得。（下圖）

目錄

■ 序一

# 天涯若比鄰

／顏博文

收到越洋邀約寫序，正值 2022 年第一季，新冠病毒經過一再突變，挑戰全人類由 2019 年的未知，到傳染、抗疫、籠罩，歷經全球生命、生活、經濟的重大損失與威脅，逐步謀求與病毒共存。

回想起濟捨師兄與美國慈濟人服膺證嚴上人慈示，在新冠疫情襲捲大陸、歐美各國、繼之臺灣期間，克服艱難，矢志支援美國及全球防疫物資的過程，敬藉此序，向全美志工們的持續付出，表達由衷的感恩與敬意。

本書縮影了濟捨師兄的成長、卓越、省思、與上人的師徒因緣，詳實記載投入慈濟後，他和慈喜師姊發心立願、勇於承擔的慈濟故事，閱讀其中，能助益讀者精要回顧美國的慈濟志業發展。

書中相當的篇幅，幾次談到濟捨師兄由人才、組織、募心募愛各面向，用心規畫美國慈濟發展，並朝向永續經營邁進；而為推動美國慈濟年輕化，他身體力行，親身覓才與傳承，著實為志業的組織與推進，樹立典範。

上人曾開示：「美國要覺醒，天下才能太平。」透過這本書的出版，我們能見微知著，見證美國慈濟志業依循上人慈示，福田一方邀天下善士，步步踏實由點而線而面，持續不懈地朝向美國社會提高慈濟的參與力度及影響層面。更有機會透過濟捨師兄的故事，自我省思與盤點人生的方向，體會付出大愛、擁抱蒼生，是最有價值的人生。

根據聯合國的定義，ESG為衡量一家企業（組織）經營的績效指標，永續的三個重要構面，分別是環境保護（Environment）、社會責任（Social）、公司治理（Governance），其中董事會的治理，是組織永續的關鍵。

將組織治理好，志業的根基紮好，方能完整輔助靜思法脈粽串精神，拓展慈濟宗門至全球六十六個國家地區慈濟分支會及聯絡處，追本溯源並時時發揮慈善關懷與人道救援。

全球三大危機——氣候、瘟疫、戰爭的「大哉教育」，更警示「全人類是否真能覺醒？」唯有每個人從自身做起，環保茹素、簡約生活，防疫才能根本，地球才能永續。

也期盼有更多人見賢思齊，學習濟捨師兄、慈喜師姊把握當下、恆持剎那，時時說慈濟、處處做慈濟，同為淨化人心、祥和息紛爭，發揮正向影響力。

兩年多來，慈濟對全球的新冠防疫紓困行動，已遍及九十六個國家地區，尤其在臺灣，更以最大力度支持援助公私部門、海關警消、醫院學校……全面防疫、紓困、安學，乃至捐購五百劑 BNT 疫苗，提供政府為全民施打。

當中，夜以續日、考驗重重難言喻，這段令人動容的接力人道救援，是在上人的睿智指引下，全球慈濟人共同動員成就的。在慈濟基金會五十七周年前夕，如何讓紹繼佛慧的靜思法脈，賑濟遍及全球一百二十七個國家地區的慈濟宗門永續，是全球靜思弟子共同的使命。

（本文作者為慈濟慈善事業基金會執行長）

■ 序二

# 慈濟的五「心」菩薩

／黃思賢

傳統思想推崇的不朽功業是「立功」、「立德」、「立言」。人生在世，雖說來時都是兩手空空、哭哭啼啼，大家從同一個起點出發，然紅塵滾滾，何其無奈，終竟能夠達此境界者，有如鳳毛麟甲。欣見本書主角濟捨幾經周折、得償心願，有幸為慈濟宗門「立功」、「立德」、「立言」，成為慈濟世界的人品典範。

濟捨出生在 1951 年，父親隨國民黨軍隊撤退來臺，當年流行的一句話是：「來來來，來臺大；去去去，去美國。」濟捨不能免俗，考上了第一志願臺灣大學醫學院，成了一名外科大夫，後來又為完成父親留學美國的心願，而負笈紐約攻讀博士，成為病理科的主任醫師。

為支援在美創業的妻子慈喜，濟捨腳踏兩條船，周旋在醫界及商界之間，漸感力不從心，飽受「中年危機」的折磨；所幸在一次飛行中巧遇慈濟師姊，在雲端接受了「慈濟」這顆靈丹妙藥，又在長島會所結識了同是經商的我，加上多方接引，濟捨與慈喜決定放下萬緣，全心全職投入慈濟志業。

濟捨服膺證嚴上人的教導及調派，為了成立美國慈濟志業中心，他們夫妻從東岸搬到西岸；為了幫助中南美洲數個貧窮國度及災難地區，濟捨飛來飛去，領隊勘災及賑災。

他常說：「師父叫我做什麼，我就做什麼！」對上人非常「忠心」，因為他理解上人慈悲濟世的胸懷。

早在 1999 年，濟捨就提出「本土化、國際化、慈濟化」等三大方向，其中以本土化為第一優先，希望有計畫地接引美國當地人加入慈濟，此外又領隊進軍聯合國，慈濟終在 2010 年加入聯合國經濟社會理事會成為會員，他對慈濟志業推廣很「盡心」！

除了帶領慈濟美國總會，濟捨兩度執掌慈濟美國醫療基金會，他「用心」規畫醫療志業，2020 年通過聯邦認證，三家慈濟診所晉級為美國聯邦標準醫療中心，從此為更多人提供更多醫療服務。

心量寬大的濟捨對年輕人有「信心」，圓滿兩任美國總會執行長，便交棒給下一任；2021 年又將美國醫療基金會的棒子交給鄧博仁醫師，自己退居醫療基金會董事會董事長，幕後推動醫療事務，陪伴年輕的隊伍向前行。

無論是「大捨護法」計畫或是美國常規進行的「募心募愛募款」活動，濟捨及慈喜兩位菩薩道侶都是走在最前、做到最後，匯集「愛心」的募款行動，在他們的努力下總能達標而圓滿成功！

一路走來，殊非易事。我讚歎濟捨賢伉儷是集「忠心」、「盡心」、「用心」、「信心」及「愛心」於一身的五「心」人間菩薩，並祝福此書的出版發行遍及全球，讓大家在閱讀濟捨故事的同時，也能一窺慈濟在美國篳路藍縷的歷史。

是為序。

（本文作者為慈濟全球志工總督導）

■ 序三

# 「捨」得，才能歡「喜」

／陳美羿

2017 年 4 月，在精舍遇到慈喜師姊，她問我很多關於出版的事，我就把多年出書的經驗告訴她。後來她告訴我，她和先生濟捨的故事已經寫好，作者是鄭茹菁。

我又驚喜又感動！但一點也不意外，因為他們賢伉儷的故事早該出書了。在我心目中，他們是「人生勝利組」，出身良好的家庭、受高等教育、雙雙赴美、事業有成……

在慈濟世界，他們是紐約長島負責人，後來奉師命到洛杉磯，曾擔任美國總會執行長、醫療志業執行長……事業如日中天，正值壯年的一對夫妻，放下紅塵名利，投身全職志工。殊為難得啊！

《捨得歡喜》出版時，我是在花蓮回臺北的火車上，一口氣讀完一大半。

濟捨曾提到，「四十歲那年，出現中年危機，人生失去目標，不是因為設立目標的方法錯了，而是因為設立的目標都是為了自己和家人。後來才發現，如果能夠將目標放大，包括一切苦難眾生，人生就會充滿意義；只要發揮良能，生活就會變得充實，生命也會更有價值。」

在慈濟，他原先是想：「我已經獲得太多，我是去付出的！」後來發現：「原本以為我是去付出的，後來才發現我是去學習的；在付出的當下，我學習到許多人生的道理。」記得我當時掩書長歎！這才是智者啊！

更難得的是妻子也全力配合，身為商場女強人的慈喜，「捨」下豐厚的世間財，隨著夫婿從美東搬去美西，賺的是無價的歡「喜」功德財。他們鶼鰈情深，更能同心、同志、同行菩薩道，真真是人間的「典範夫妻」。

《捨得歡喜》出版五年了，熱賣逾一萬六千本。五年之中，兩人在美國的慈濟道上，又有太多重大的事務完成或進行中，不記錄下來，太可惜。

《捨得歡喜（典藏版）》終於又問世了！

2022年4月16日，濟捨與慈喜帶領「募心募愛」團隊，在美國總會舉行「健走募款活動」，茹菁抱病遠從拉斯維加斯去參加，因為她是「集眾募款」頁主之一，「皇后有難」的主角。4 月 18 日，她回到賭城，進行六個小時的腦脊椎手術。好心疼，又好佩服！

我認識茹菁約二十年，她活潑開朗、才華洋溢，可就是多災多病。她自己說「左一刀、右一刀」，不知動過多少刀。但堅強的毅力，讓她寫出一本又一本的好書。

英國女作家吳爾芙（Virginia Woolf）曾說過：「一切不曾發生，直到它被記述。」再令人感動的事跡，如果沒有被文字記錄，久而久之，就隨風而逝，埋葬在歲月洪流中。上人也是疾呼：「每一個人都是一部大藏經」、要「盤點生命」、要「記錄歷史」。特別是慈濟人的生命故事，不但是慈濟的歷史，也是人類最珍貴的資產。

《捨得歡喜（典藏版）》有生命多彩又值得喝采的濟捨和慈喜賢伉儷故事，也巧妙地記錄了慈濟在美國的歷史足跡。推薦給您，值得細讀，值得典藏的好書。

（本文作者為慈濟筆耕隊創始人）

■ 序四

# 任爾東西南北風

／葛濟覺

葛濟捨師兄，一位溫文儒雅的君子，說話不疾不徐，語調平和，那怕內容是驚濤駭浪或是詼諧逗趣。

1999 年臺灣發生九二一地震，美國慈濟展開一連串募心募愛活動，開啟了我認識慈濟之門。從洛杉磯市區熱食發放、聖地牙哥大火賑災等，讓我看到與商場生涯不一樣的眾生，尤其歲末祝福中慈濟大藏經影片，呈現志工在全球救苦救難的影像，我震撼不已，「這才是我要的人生！」

隨著參與慈濟，見到了同為姓「葛」的濟捨師兄，倍感親切。從小到大沒有碰到幾個姓葛的，因為濟捨師兄比我年長，特別關懷我，志工們遂以「大葛」或「老葛」稱呼濟捨師兄，我呢，穩居「小葛」之名。濟捨師兄在公開場合稱我為他的弟弟，很溫馨的感覺。

同姓葛，趣聞一籮筐。猶記得有一年，美國總會舉辦營隊，全美志工都來參加，接機就是慈誠當仁不讓的任務了。我被分配到安大略機場接機，依慣例，接機者與被接機者的資訊已經事先通知雙方，讓雙方在機場相互聯繫。

我進入機場大廳，看到穿著慈濟制服的志工，趕緊走過去，當時，那位志工背對著我，正在打電話給我，只聽到她說：「不好意思，勞駕『執行長』葛師兄這麼忙還要來接我。」「師姊您好，我姓葛，我是葛師兄。」「喔，是你！Ok，那走吧……」

還有一次，我參加慈善營隊，回到社區有分享會。當時，分享會布達的訊息為 「葛師兄要來分享」，很多人來參加，有幾位師姊還特別穿旗袍來，一到會場就問：「今天是濟捨師兄分享嗎？我們當然要來。」

「喔不是的，是馬丁，小葛師兄分享，」聽到不是濟捨師兄的分享，有幾位志工顯露失望的表情。

初入慈濟時，我和濟捨師兄若走在一起，後面的人叫「葛師兄」肯定是濟捨師兄回頭；八年、十年下來，我一路歷經各種不同任務，知名度漸升，後來，有人叫「葛師兄」，濟捨師兄打趣地說八成都是叫小葛，不是找他濟捨師兄了。

我們攜手走過美國國內與中南美洲的多場賑災路，愛荷華州五百年一遇的水患、海地大地震、宏都拉斯水患、厄瓜多地震、墨西哥地震等。在災難發生時，慈善、醫療完美結合，我先以工代賑協助鄉親復甦家園，濟捨師兄帶來義診團隊，為受災鄉親解病苦。

此外，在濟捨師兄領導下，美國慈濟醫療基金會致力於「聯邦標準醫療中心」認證時，我有幸被邀約以社區菁英人士身分，承擔慈濟醫療基金會董事，奉獻我的人生經歷，寬闊我人生學程上的視野。

濟捨師兄推動慈濟的募心募愛時，他的賢內助——慈喜師姊廣結善緣，啟發大家捐獻善心。當募款目標達成，大家同感欣慰，「還好，我沒有缺席，是啊，感恩慈喜師姊鍥而不捨的鼓勵。」

2020 年 10 月 26 日，聯邦衛生及公共服務部通過認證消息傳來，濟捨師兄難掩心中的歡喜，平和地說：「……

我們只要高興一天就好，明天起還有很多事要做！」

今生有幸得遇明師證嚴上人，在慈濟世界，與濟捨師兄重逢，慈濟心慈濟路，是生生世世印記。願把感恩化為深深的祝福，祝福濟捨師兄賢伉儷福慧圓滿！

本書繼 2017 年發行《捨得歡喜》後，後續記錄濟捨師兄賢伉儷在美國慈濟志業上的努力與成就。萬水千山重重過，每一篇故事，都見證著最真實的慈濟人史跡。

走筆至此，耳畔響起的依舊是濟捨師兄的話，「我們只要高興一天就好！」雲淡風清，那是何等的睿智與平淡，景仰盈溢，因為之序！

（本文由美國實業家、橙縣聯絡處慈誠隊長葛濟覺口述／王純瑾整理）

■ 序五

# 謙卑、大愛、無私

／蘇建華

2011 年，邀請慈濟美國總會執行長濟捨師兄到我的公司參訪。短短幾小時的交流，卻讓我有機會了解慈濟在國際慈善救災的卓越貢獻，得知慈濟已加入聯合國及美國的救災組織，深深讚歎不已！

濟捨師兄分享他的慈濟心路，我立刻被他真誠無私的付出精神深深打動，忍不住在心裏自問：「我能為慈濟、為眾生做些什麼呢？」

我想起住在臺灣的母親。四十多年來，母親始終是虔誠的慈濟人，緊緊跟隨證嚴上人的腳步，她教導我：「吃虧就是占便宜」及「一步一腳印」。

從三十六年前來美求學，二十四年前開始創業，時時刻刻不敢忘記母親的教誨，因為那是我家庭美滿、事業成功的良好基礎。然而，我似乎忽略了企業家的社會責任，感恩濟捨師兄及慈喜師姊的邀約，讓我興起了帶領全公司投入志業的念頭。

他們的謙卑、大愛及無私引導我更用心付出，是我心目中的慈濟模範生。2013 年 4 月，濟捨師兄邀請我返臺參加實業家生活營一個星期，收獲滿滿地回到美國。

回顧創業之初，我與妻子詹雁如到當時位於蒙諾維亞的慈濟總會參加活動，全球志工總督導黃思賢分享慈濟在南亞海嘯救災的種種情景，我與妻子當場淚流不止，深受感動！從那年開始，只要慈濟有國際賑災活動，我們都盡力付出；從實業家生活營返美，再度接受賢伉儷邀約，兩週後就步上海地的賑災行程。

從海地回到美國後，認真思考上人的「竹筒歲月」精神，終於下定決心效法，將竹筒帶進商場，鼓勵員工說服客戶植福！同時帶領公司團隊加入慈濟的義診行列，因為敬佩濟捨師兄的言行，鼓舞我們跟隨學習。

在慈濟人間菩薩道上，濟捨師兄是我的偶像，他有很多值得學習的地方，尤其當他遭遇人與人之間的魔考，吞忍及顧全大局的心量，更是讓人欽佩！

上人教導我們「對的事，做就對了」，在濟捨師兄及慈喜師姊身上發揮得淋漓盡致！五年前看到濟捨師兄帶領著醫療團隊，傳承給年輕人，加強健全制度及方向，終於拿到聯邦標準醫療中心的資格，更能夠深入社區幫助貧困及需要幫助的病患！賢伉儷帶領「募心募愛募款」團隊深耕福田，接下艱難的工作卻甘之若飴，真是讓我們佩服不已！

濟捨師兄的人生故事如此的真實，將「小愛轉為大愛」的無私奉獻撼動人心！其為人處事將慈濟誠正信實的精神發揮得恰到好處，慈喜師姊的熱誠及勇往向前、無懼付出是大家有目共睹的，讚歎她的執行力！

我強烈為讀者推薦，希望大家有機會、有福氣讀到這本書，相信會在您的人生道路上有所啟發。同時也感恩濟捨師兄及慈喜師姊在慈濟道路上的堅持，帶領大家一起成長精進！

（本文作者為美國實業家、慈濟志工）

■ 序六

# 與君初相識

／鄭茹菁

若非遇見濟捨師兄與慈喜師姊，我的生命可能庸庸碌碌，隨波逐流淹沒在茫茫人海之中；當賢伉儷遇見賣文維生的我，非但不嫌棄資質駑鈍，反而悉心栽培，牽我的手走慈濟的路，從此，我的鍵盤敲打出的都是真善美的文字。

初見賢伉儷是許久以前的一個豔陽天，拉斯維加斯志工列隊等候來自美國總會的培育團隊，巴士停靠在圖書館路邊，一對璧人施施然走下車，陽光透過稀疏的枝葉灑在他們微笑的臉龐……二十年前的一幕恍如昨日，當年的我們多麼年輕啊！

那是每月一次的「新志工精進日」，不僅是慈濟美國總會菩薩大招生的平臺，也是賭城志工的最愛，濟捨師兄的分享更是影響了許多社區大德投入大愛的行列，茹菁也是其中之一。

參加慈濟之初，我正處於瘋狂打工時期，滿腦子想的都是賺錢，沒聽說過所謂「慧命」，也不認為自己有行善度眾的責任，直到濟捨師兄分享潘明水師兄的南非故事，我竟因那一張張黑菩薩的照片流下眼淚……

久處滾滾紅塵、花花世界的我，終日周旋在籌碼與老虎機之間，幾乎就要忘了人世間仍有種種苦難，就是在那當下，我立志參加國際賑災，自 2003 年起跟隨濟捨師兄前往薩爾瓦多、墨西哥、宏都拉斯、厄瓜多等地參加發放及義診，在一次次奔赴苦難的行程中，與賢伉儷建立更親近的革命情感。

濟捨師兄的英文名字是威廉（William），慈喜師姊是瑪莉（Mary），都是英國皇室常見的名字，初入慈濟仍稍帶女強人氣勢的慈喜師姊被偷偷戴上「瑪莉皇后」的桂冠，但其實是戲而不謔的暱稱，因為她總是像媽媽般叮囑每位志工上緊發條，務必在每場活動做最完美的演出！因此，在美國的慈濟大家庭中，大家都知道有煩惱的時候可以向濟捨師兄求解答；工作進度落後的時候，就得轉向慈喜師姊求助她的雷厲風行了。

賢伉儷在慈濟的豐功偉績不勝枚舉，最感人的誠屬法親關懷，他們對「病號」茹菁的照顧尤其無微不至。

《賭城打工皇后》問世之後，我被推舉成新一代的皇后，濟捨師兄成了責無旁貸的「御醫」，在那許多被病痛折磨的夜晚，他用最大的耐心解釋病情，鼓勵我做最大的努力，甚至最壞的打算。

而慈喜師姊則發揮最佳生活組的功能，動員志工就近送飯，餵養不擅炊事的我，用最柔軟的身段開導病起來就不講理的我，此時的慈喜師姊已褪盡女強人光環，她的柔聲細語陪伴我度過無數個無眠的夜晚。

有人用「與君初相識，猶如故人歸」，來形容王維與裴迪超越身世名利的友誼；濟捨師兄於我，不是高高在上的資深慈濟人，而是諄諄善誘的良師益友，他待我就像王維愛護布衣少年裴迪一般。

感恩濟捨師兄的信任，讓我有機會盡覽其人生的起伏及精彩；這一路行來，或悲或喜或歎，三生有幸見證了「付出無所求」的人品典範！

慈濟醫療與美國醫療看似光年距離的兩個世界，然而，濟捨師兄以其峰迴路轉、柳暗花明的人生，為讀者開啟一扇覺有情的窗，得以窺見兩個迥異卻能相互包容的醫療體系。

濟捨師兄的「醫履奇緣」，促使慈濟團隊走向人本醫療的前進之路，同時也在全美疫情肆虐之時，領導抗疫。

《捨得歡喜（典藏版）》不僅是濟捨師兄、慈喜師姊的生命縮影，更是美國慈濟醫療志業的歷史篇章，謹以此書向一路篳路藍縷卻不離不棄的全美醫療志工致最高敬意！

■ 序七

# 立志做菩薩

／葛濟捨

「逝者如斯夫，不舍晝夜。」是至聖先師孔子的感嘆；「來不及了！」是證嚴上人對弟子的提醒。為了把握當下，我們不斷敲打鍵盤做紀錄，試圖把慈濟路上的一步一腳印化作文字，收藏進生命的扉頁……

我是一個極平凡的人，自認沒做什麼大事，只在適當的時機，盡己所能完成一些本分事，我的人生故事能給予讀者的啟示實在不多。不過，連續兩本《捨得歡喜》倒是幫助我盤點生命，總結了我的生命態度和思想。

我做過醫師、創業做過實業家，也做過理財規畫師，更重要的是做了近三十年的全職志工。每個生涯規畫的轉換，都沒有任何痛苦抉擇，每次改變也都義無反顧，設定目標後全力以赴，結果都非常圓滿，特別感謝出現在我生命中的貴人，陪伴同行。

感恩父母、師長，養育、教育了我，為我的人生上半場奠定良好基礎。四十歲那年陷入中年危機，人生彷彿失去方向，不是因為設立目標的方法錯了，而是因為設立的目標都是為了自己和家人；進入慈濟世界是轉捩點，感恩上人成就慧命，教會我生命的價值在於利益眾生，眾生的苦難讓我深刻了解生命的無常，以及付出的意義。

1998 年，第一次參加慈濟國際賑災，為大陸貴州遭受霜害的居民，提供食物和生活必需品；第一次近距離看到眾生苦，體會「知福、惜福、再造福」的真義！此後數十次奔赴中南美洲、南非及海地各災難區，看盡國土危脆、世間苦難多的悲慘畫面，尤其這幾年，每年都發生重大災難，包括大三災（水、火、風）及小三災（饑饉、瘟疫、刀兵）。

災難是大哉教育的警惕，而災難的源頭卻是人類。人類破壞生態環境，為口欲殘殺動物，累積的業造成五蘊的「因」，以及成住壞空的「果」，如今的災難就是因緣果報。身處「眾生共業」的末法時代，感恩上人用佛法帶領我們走出灰心消極，指引了光明的菩薩道。

「菩薩所緣，緣苦眾生」，眾生之苦不僅是貧困匱乏，有人心靈空虛，有人煩惱無盡，簡單而言就是有缺陷的人生。上人鼓勵立志做「菩薩」的我們，勇敢面對人世間的災難，發願吃素還遠遠不夠，君不見慈濟菩薩遠征烏克蘭，為俄烏戰爭的難民提供援助？有災難的地方就有慈濟人，有慈濟人的地方就有光明和希望！

然而，受苦受難的人無所不在，利益眾生的志業不可止步於慈濟人，而是要「菩薩大招生」，接引更多人來做更多的好事！所以，我將這些年的工作重心，專注於接引、傳承、募心募愛及慈濟永續發展等項目上。

到了後疫情時代，我們這一代的慈濟人大多已七、八十歲了，接引更多年輕人，陪伴他們成為志工幹部是當務之急，而募心募愛及永續發展的推動，更是我對自己的期許。

「人生不如意事十有八九，要常想一、二」，我們面對人事，除了努力付出之外，無法掌握事情的結局，最好是用歡喜心去面對。歡喜心是一種選擇，也是一種人生態度。

如果大家都能以「甘願做、歡喜受」的精神互動，這個社會能更祥和，我們的生命也能夠更圓滿。

因為付出無所求，我去除了一切染著之心，也得到內心清淨的歡喜。

我看到自己的心念改變了，家庭更加和諧，孩子也潛移默化接受了付出無所求的生命教育、有了美滿的家庭。回首來時路，深深感受善念可以改變一個人、一個家庭、一個國家，甚至整個世界的命運，希望每個人都能了解這個道理，顧好自己善的心念，鼓勵人人一起做菩薩，行善造福，從一而生百千萬，祝福大家！

■ 序八

# 虛空有盡，我願無窮

／孫慈喜

由於2017年付梓的《捨得歡喜》發行僅限臺灣及美國，許多大陸好友紛紛建言，期待擴大發行到中國地區，好讓更多人見證到上人的慈悲、慈濟的大愛。濟捨與我雖有心促成，可惜總有更重要的工作等著我們去進行。

五年時光飛逝，彼時重掌慈濟美國醫療志業兵符的濟捨，歷經聯邦認證的申請作業，以及新冠病毒肆虐的世紀大災難，加上「慈濟永續經營」及「募心募愛」等兩個大項目，重啟新書的工作再三被推遲，直到慈濟五十六周年前夕，終於被提上行程，感恩作者鄭茹菁一直隨傳隨到，而且說寫就寫。

憶及與濟捨初相識的那天，不知不覺已過半世紀，從青澀靦腆的二十歲到白髮紛飛的七十歲，他的臉上皺紋多了，行動緩慢了，取代當年英俊瀟灑的是慈悲與智慧。

大愛相隨半世紀，我對濟捨的感情非但不曾稍減，反而與日增長。他寬闊的胸懷提拔後進不遺餘力，他陪伴家人、照顧法親不吝付出時間，「君子如蘭」的謙卑，讓身邊的人如沐春風。

半輩子如同剎那，卻是永恆！早在五十年前，濟捨便在大學畢業紀念冊留言：「在最適當的時機，與最好的朋友，到最需要我的地方，做最需要的事。」濟捨年少時的初發心，讓我震憾不已，而與證嚴上人的師徒之情，更促成我倆在四十五、六歲，即告別滾滾紅塵，投入慈濟志業，豐富了慧命。

自 1994 年雲端邂逅慈濟，濟捨開始在長島專心做培訓工作，他發現上人數十年如一日，三求三願從未更改，加上他親赴貴州賑災見苦知福，遂決定結束事業全心投入慈濟。這三十年來，我倆做全職志工從未後悔，生命也更加圓滿有意義！

2014 年，上人再度將濟捨回收到醫療本行，承擔慈濟美國醫療基金會執行長，間接彌補了我對濟捨的歉疚，因為多年前他曾為創業心切的我，棄醫從商。

此刻，我經由慈濟洗禮而學會懺悔、感恩及縮小自己，在篳路藍縷的創業時期，感恩濟掄的成全、姊妹的相挺；在募心募愛的過程中，感恩大家的慷慨解囊，感恩每一次募款行動都能圓滿達標！

2012 年，濟掄將總會執行長工作傳承他人後，立刻接下他最愛的「永續經營」項目，他深知慈濟的永續發展與年輕化經營是勢在必行，期盼拋磚引玉接引更多有緣人勤耕福田，讓日不落的慈濟得以生生不息！

2021 年，濟掄交出美國醫療志業執行長的棒子，又接下「募心募愛」的棒子，他期許自己做到上人的「化無形為有形，化無情為有情，讓慈濟變成覺有情的世界，永遠流傳世間、濟世度有情。」

「願生生世世追隨上人做慈濟！」我倆發心立願造福無量，讓上人的「來不及」變成「來得及」，虛空有盡，我願無窮，期許恆持一念善，調和己心、戒慎虔誠，盡心盡力把握分秒為慈濟世界付出！

# 1.

# 南臺灣的赤足小子

**1951 年 / 臺灣岡山**

從眷村到學校，走路要幾十分鐘，赤足奔跑的經驗並不快意，然而，葛卓言卻樂此不疲，因為父親經常告訴他，唯有上學這條路，才可以通向康莊大道。

## 少年不識愁滋味，心猿意馬

當雞鳴穿破微亮的天空，五〇年代的岡山小眷村動了起來，眷村媽媽們忙進忙出，一邊扯著嗓子呼喊貪睡的孩子，一邊燒炭生火做早餐，文職的軍人爸爸們推著腳踏車準備上班，與此同時，孩子們也傾巢而出，結伴向學校方向呼嘯而去。

葛卓言穿著母親用父親大衣改造的冬季外套，踩著哥哥穿不下的大腳鞋，在小夥伴的訕笑聲中，甩著長袖上學去。

當年眷村最流行的一句話是:「外省人上無片瓦，下無寸土，要出頭，只有念書。」

被同伴尊稱是「葛老頭」的卓言，正襟危坐於教室內，看著老師的粉筆一筆一劃落在黑板上。好不容易熬到放學，還來不及抽身，就聽見母親騎著腳踏車、一邊喊著他的名字的聲音，他卻一溜煙地鑽進綠油油、黃澄澄的稻穗田埂間……

早年的岡山，幾無人煙，直到 1895 至 1945 年間，日本占領臺灣，交通、軍事地位日趨重要，人口迅速發展，才以附近大、小崗山地標為由，更名岡山。二次大戰末期，岡山作為日本空軍據點，慘遭無情轟炸。戰後，滿目瘡痍的岡山，湧進新一波來自中國大陸的移民潮，他們被臺灣人統稱為「外省人」，卓言的父親葛碩豐即是其中之一。

1949 年，葛碩豐一家隨著蔣介石軍隊撤退來臺，分配到南臺灣岡山定居。兩年後，卓言出生，為離鄉背井、孤軍在臺奮鬥的葛家人，帶來許多歡喜。

上尉軍官葛碩豐幸運分配到一間日本宿舍，然而家中食指浩繁，光靠軍餉過日子，炒個菜連調味料都要點滴節省。不久，他從軍職退休轉任機械工程師，薪水依然微薄，要養活一家六口，除了節儉別無他法。

葛家住在農村旁的小眷村（軍公教宿舍），不同於幾千戶的傳統眷村社區，僅有十多戶空軍宿舍、十多戶省立岡中教職員宿舍，以及十多戶嘉新水泥廠員工宿舍。

小地方的巷道有很多「聲音」，除了山東老鄉一路叫賣的「包子、饅頭」之外，竹筒的搖櫓聲，賣的是烤地瓜；嘎啦作響的搖筒聲，呼喚著孩子們拿空鐵罐換麥芽花生糖。那種用木匠刨子，將堅硬的糖塊刨成片，加上芫荽，鹹鹹甜甜的花生糖，算是眷村的最高級享受吧！

「吧噗吧噗」賣的是五顏六色的冰淇淋，轟然巨響則是爆米花，流著口水看熱鬧的窮孩子，只能循車追趕，想像那些可望而不可及的美味！

這些聲音與葛家小孩沒有交集，從小到大，卓言未曾外出吃過館子，母親天天做飯，提供最簡單的家常菜。路邊挑擔的小吃如豆花、麵茶、臭豆腐、碗粿等都沒機會光顧，他曾經聽同學說起路邊攤的陽春麵，有幾粒榨菜，很多味精，聽著聽著也感覺津津有味了。

巷子口的柑仔店，是孩子們最喜愛的去處，束之高閣的「金雞牌」筒裝餅乾，眷村人買不起，孩子們只能用壓歲錢買秤斤兩的餅乾。有些大人為了省錢，跑到某指定的門市部買袋裝的碎餅乾，雖然賣相不佳，孩子們卻照吃無誤、從不嫌棄。

搓破紙洞抽獎的遊戲，讓放學後的學童徘徊不去；肉桂味的細小棒棒，長得有點像榕樹鬚，幾毛錢可以買一把，含在嘴裏是超幸福的感覺！小販切開鳳梨販售後，會把鳳梨心泡在鹽水裏便宜賣，村童人手一隻，奔跑炫耀短暫的富有，每一種酸酸甜甜的滋味，都保存在卓言的記憶深處。

菜農肉販會直接把農牧產品及雜物拉到眷村叫賣，節省了眷村主婦走路去市區買菜的時間。白米則由軍方配給，雖然足夠，但是配給的一律是舊米，吃起來有發霉的味道，腸胃不好的人，還會因消化不良而拉肚子。

住眷村最怕上廁所，公共廁所是定時沖水的蹲溝，蹲久了腳會發麻、鼻子常會被臭味薰到味覺麻痺，當年用來擦屁股的是米黃色、粗糙的草紙；車站和市場的公廁更是臭氣衝天，通常入口處的狹小空間，總有人坐鎮賣衛生紙，以一疊四張為單位零售，卓言偶爾會想起那些「有味道」的童年舊事。

但他更想念的是眷村小孩的嬉戲時光。他們用舊報紙做成風箏，用線軸製作「坦克車」，走到哪裏都玩得樂不思蜀。

當小眷村有了第一臺電視機，大家都搬著小凳子，天天擠在人家客廳裏，卓言也伸著小脖子看電視；然後，第一臺冰箱進駐小眷村，主人將豆腐冰進去冷凍庫，變成一個洞、一個洞的凍豆腐，把水分都排除了再滷，就會特別好吃。那是卓言最懷念的眷村料理。

葛家是典型的文職軍人家庭，卓言是在臺灣出生的外省第二代，排行第三，上有哥哥卓人、姊姊卓玉，下有妹妹卓懿，名字都有「卓」字，意味著「卓越、不平凡」，足見葛父對孩子們的殷切期許。

事與願違的是，取名卓言卻無語言天賦。在他牙牙學語時，嘴裏發不出「哥」的音，每每把「哥哥」叫成「歐歐」。卓言的哥哥在抗戰初期出生，當時葛父在西南聯大求學，妻小留在故鄉浙江臨海（椒江），親子兩地分隔，因距離而疏離。卓言的童年印象中，每當父親指責大哥時，母親總是挺身袒護，他以為母親比較疼愛大哥，而彼時的卓言偏偏發不出「哥」的音，讓家人感到既好笑又好氣。

由於先天口吃、話講不快，卓言表面看來溫和，但遇有爭執又無法跟人辯論時，情急之下就會因有口難言而暴跳如雷；雖然很少發脾氣，但發作起來可能會掀桌子，讓家人擔心不已！葛父更是為此傷透了腦筋。

當卓言為發音不正確及口吃問題而感到自卑，父親教他遇到困難必須面對問題、解決問題。記憶中，父親曾拿筷子壓住他的舌頭，讓他一次又一次發出「哥」這個音，直到聽起來滿意為止。經過無數次的練習，卓言的說話狀況才有了改善，但這已是四歲以後的事。

透過矯正口吃這件事，卓言知道靠著後天努力，可以克服並改變障礙，也逐漸養成愈挫愈勇的韌性。

父親一直是卓言的人生導師！葛父在戰亂中成長，經歷了日本侵華戰爭及國共內戰。他在西南聯大念的是航空工程，畢業後，投筆從戎，加入空軍抗日。因表現良好，一度被派到美國受訓，遷臺後又再次奉派美國深造，兩度接觸當地社會的富庶和進步，非常嚮往那種自由與安定。

儘管在戰火中流離顛沛，葛父卻一直沒放棄繼續深造的心願。1959 年，他考取自費留學，準備赴美一圓讀書夢。然而，當他距離圓夢僅有一步之遙時，卻猶豫了。

他看著小屋裏，微黃燈光下的妻子及四個孩子，夢想與現實在心中反覆掙扎，「此去經年，自己身體狀況並不好，這一去是否能順利畢業、平安歸來？家中四子嗷嗷待哺，留下妻子獨撐家計，於心何忍？」

幾經輾轉思量，葛父打消留美的念頭，決定以家為重，留在臺灣栽培兒女，寄望小輩來日能夠代父圓夢。

## 厚重大衣創意縫，人小衣大

內戰期間，有意從大陸撤臺的國民黨人，紛紛兌換金條或「袁大頭」之類的保值細軟。雖然卓言的父親出生地主家庭，經濟狀況不錯，但一旦撤軍臺灣就是連根拔起、再無依靠，身處戰區的母親想盡辦法釀酒賺錢換取「袁大頭」。

民間俗稱的「袁大頭」，即是鐫刻袁世凱人頭像的銀幣，是中國近代鑄造的近千種機制銀幣中，鑄造時間最長、數量最多、流通最廣、影響最大、存世量也最多的銀幣。逃難的人有「袁大頭」傍身，就多幾分安全感，卓言的母親也是準備好袁大頭，才隨軍撤退到臺灣。

沒想到，卓言自小身體孱弱，有一回罹患百日咳，差點沒了小命。據母親回憶說，從家鄉帶來的「袁大頭」，在卓言看病期間，花費殆盡；買藥用掉的「袁大頭」，堆起來大概和他的身高一樣高。

家人為幫他治病，花盡了從家鄉帶出來的最後一點積蓄。然而，年幼的卓言不知大人的難處，曾經天真地幻想，如果能常常生病該有多好，母親就會煮蛋、蒸梨為他補充營養，而雞蛋和水梨都是年節才會出現的奢侈品。

母親牽掛他的身體，擔心他吃不飽、穿不暖。捉襟見肘的日子裏，沒有學過裁縫的母親，裁紉衣服都是「跟著感覺走」，有時這裏緊那裏鬆，有時這裏長那裏短，四個孩子的衣物都出自她的「創意」。她用藝術家的手法，沒有製圖、不用量尺。

母親曾裁剪修改父親的舊衣，為卓言趕製了一件禦寒的「大衣」，沈重的大衣把瘦小的他，壓得彎腰駝背像個老人，村裏小孩為此戲弄他，給他取了個外號叫「葛老頭」。卓言不以為意，仍舊穿著母親做的醜大衣上學。

但是，卓言最怕母親來接他放學。同學們的母親多因農忙而分身乏術，哪有時間接送小孩？他們不解卓言是因體弱多病才需要接送，總會投以異樣眼光。好強卻不願爭辯的卓言，既不想自己跟別人不一樣，也不能阻止母親的好意，所以常常半路落跑，藏身田梗之間。

克難成長的日子，連鞋子也是輪流穿。卓言曾經「繼承」一雙哥哥穿過的鞋子，上學前在母親眼皮底下穿鞋出門，但多半會因捨不得穿，而赤足走在岡山的泥濘小路上；有時，他也會在母親的叮嚀下，勉強穿到校門口，才脫下來放進書包，跟大家一樣光著腳丫去上課。

父親一直都在外地工作，較少回家。他對教育十分重視，每次難得回家都會出益智考題，檢測孩子們的學習力。

這天，他把大家叫了過來，提問：「四個角的桌子，鋸掉一個角，還剩幾個角？」卓言大聲回答：「五個角。」他總是最先提出正確答案的那一個，所以四個孩子中，他獲得父親最多嘉許和寵愛。卓言也常對父親提出疑問，看得出他對找尋真相不馬虎的態度。

小時候的卓言，內向獨立，喜歡做一個「說故事的人」。他的記性好，又有過目不忘的本事，平時故事書看得多，便有了與人分享的衝動，例如《格林童話》就被他講得有聲有色。大家都視他為一個才情過人的小傢伙，身邊總是圍繞著一群等著聽「說書」的小朋友。

母親很少過問孩子的學業，比較關心的是飲食起居。在卓言的印象裏，當竹籬笆外的「現代人」已經使用瓦斯爐，母親還在燒煤炭球煮飯，即便灰黑的煤色抹在她的容顏上，也絲毫不以為意，因為餵飽孩子們是她的唯一使命。

從眷村到學校，走路要幾十分鐘，赤足奔跑的經驗並非快意之事，然而，卓言卻樂此不疲，因為父親告訴他，唯有上學這條路才可以通向康莊大道。夐虹有詩：「當我赤足走過風雪，你是畫外的人，正觀賞那茫茫的景致。」對照那年代的貧窮與無奈，畫外的我們不正以欣賞的角度，看待那赤足奔跑在飛沙走石之間的岡山小子嗎？

## 打開求學的天窗，狀元伴讀

記憶中的母親沒有化妝品，但她屈身小廚房燒煤炭煮飯的身影，招呼放學回家孩子的回眸一笑，總能瞬間照亮葛家的溫暖。

母親對卓言的課業不強求，養成了他的任性，總是考期逼近才臨時抱佛腳，草草將課文讀一遍。仗著記性好，他的成績不俗，初中考上第二志願——省立岡中路竹分校，後來轉入省立岡中。

初一的卓言，成績平平。升上初二，座位旁坐了初中聯考狀元劉同學，兩人無話不談成了好朋友。劉同學的英文很好，每次老師要他念課文，他都能如行雲流水般背誦出來，讓卓言心生羨慕。後來，他發現了「英語神童」的祕密，原來，劉同學都是事先預習，才有如此優異的表現。

天生「不服輸（強烈好奇心和廣泛興趣）」的個性使然，卓言開始學習劉同學事先看一遍課文的習慣，良性互動下，慢慢培養出閱讀英文的興趣。充分掌握文法及語法後，卓言便自行編題自我測驗，也反過來考核劉同學對文法的應用與認知。兩人經常自編考題，相互切磋，愈考愈進步，有時還會挑戰英文老師，出的題目常讓老師招架不住。

卓言初中畢業之前，父親在羅東東南碱廠做工程師，往返宜蘭和岡山之間數年，後來才舉家搬到羅東。生活在鄉間，卓言有龍困淺溪之憾，因而生起北上求學的念頭。他向父親表示，希望到臺北參加高中聯考。剛開始，父親持反對立場，認為鄉下孩子拚不過都市孩子。

「臺北是大城市，聯招競爭激烈，你不是人家的對手！」父親的話沒有挫折卓言的心志，他向父親分析自己的想法：「臺北有建中、附中、成功，加上夜間部共有七、八個選擇，我考上其中一個絕無問題。」他堅持嘗試，父親只好答應讓他到臺北參加高中聯招。

父親深知兒子的個性堅韌又耐磨，慢慢從反對轉為支持，但仍擔心卓言考不上公立高中，勸他不妨同時報考五專，學一技之長，可圖謀出路。然而，卓言非高中聯招不考，父親也就默許了。

放榜後，他如願考上第五志願——師大附中夜間部，從此居住臺北求學，只有寒、暑假才回羅東。他有如飛出籠子的小鳥，嚮往自由飛翔。

就讀師大附中期間，他住宿臺北學苑，過著自己當家做主的生活。迅速發展中的臺北市，拓展了他的見解和視野，每

葛家父母與四個手足，左一是葛卓言五歲時（上）。

葛卓言就讀岡山中學時，北上羅東與父親合影（左）。

次回羅東都和父親有聊不完的話題，談社會、論經濟……臺北的歷練，也培養出他獨立思考及做人處事的觀察力。

父親每個月都在固定時間匯去生活費，有時也會親自前往探訪。生活圈愈廣，花用的錢愈多，卓言經常寅吃卯糧，月初花錢請同學吃飯，過了十五才開始節制，沒錢時一餐只吃一個饅頭、喝杯牛奶過日子。

想到當初決定到臺北念書，母親曾叮囑他：「出門在外，切勿向人借錢！」卓言聽從母親的交代，遵守承諾，從不向人借錢。

承襲了父親的聰明才智，遺傳了母親的慈悲心腸，卓言海闊天空地學習與成長。

就讀夜間部，卓言的時間變得很充裕，在朋友圈中人緣也很好。徐同學是他切磋課業的好夥伴，受到徐同學熱愛生物科學的影響，他也有心探索生物系這個新天地。原本在初中立志念核子工程，做一名核子工程師；到了高中，因徐同學的鼓舞，他改立志成為生物學家，探索生命的奧祕。

## 行醫心願初萌芽，敬仰杜利

小時候的卓言，曾希望自己成為一名科學家，但是高三那年，英文教科書中的一篇書信，改變了他的志願，信中提到美國醫師杜利（Dooley）放棄高薪舒適的環境，隻身前往東南亞的窮鄉僻壤行醫。他的親朋好友都勸他回美國，然而杜利醫師終生不改其志，把醫術奉獻給醫療資源最貧乏處。

那篇文章是杜利醫師寫給學弟們的一封信，全文是拋棄俗世的權力欲望，充滿慈悲救世的心聲。這封信得到了卓言的共鳴，因為他曾見過母親在節儉的生活中，縮衣節食幫助窮苦人家。他敬佩杜利醫師犧牲奉獻的崇高理想，心中也萌生了從醫的念頭。

杜利醫師的全名是托馬斯・安東尼・杜利三世（Thomas Anthony Dooley III），1927 年出生於美國，早年在美國海軍擔任醫師，後來成為著名的人道主義和反共產主義政治活動者，常年在東南亞行醫，直到 1961 年死於惡性黑色素瘤，享年三十四歲。

他創作了《從邪惡解脫（Deliver Us From Evil）》、《明日邊緣（The Edge of Tomorrow）》及《他們燒山的那個夜晚（The Night They Burned the Mountain）》等三本暢銷書，描述在越南和寮國的見聞，終其一生遠離西方文明富足的社會，獨排眾議選擇在窮荒之地行醫。

1958 年 6 月，杜利醫師在《Think》雜誌上發表〈為什麼我是叢林醫師？〉一文，提到他之所以選擇寮國，是因為這個三百萬人口的落後國家，竟然只有一個「慈善家醫師」。

1959 年，杜利醫師回到美國進行癌症治療。他同意將自己的黑色素瘤手術過程，讓美國商業無線電視網（CBS）以新聞紀錄片方式播出。

杜利醫師是一位虔誠的天主教徒，在他的葬禮上，時任美國參議員的史圖爾特・塞明頓（Stuart Symington）讚揚他是一個「真正的世界公民」；已故總統約翰・肯尼迪（John F. Kennedy）推崇他是和平的榜樣。而卓言看重的則是杜利醫師放棄榮華富貴，到貧苦地區行醫的高尚品格。

家族沒有人從事醫療行業，或許是因為從小與病為伍，卓言深刻體會生病的痛苦，覺得學醫可以助人，真心希望效法杜利醫師的精神。然而，這都只是當時藏在內心深處的小小種子，直到他親眼目睹遊民的滄桑，才想到把夢想付諸實現。

## 寒夜的站外人生，冷暖自知

從小受父母呵護的卓言，不知人間疾苦。學生時代，嚮往武俠小說《笑傲江湖》中的瀟灑人生，直到在臺北火車站過夜的一段遭遇，才有機會近距離觀察社會中的陰暗角落。

那是一次返家行程，卓言心血來潮，想搭最晚一班公車到火車站，再搭最早一班火車回羅東，計畫在臺北火車站過夜。沒想到火車站不允許旅客在站內過夜，滯留的旅客全被趕出車站，大門還上了鎖，不准進入。

夜深人靜的冬季，非常寒冷，他不想花錢住旅館，只好在街頭徘徊，打發時間。忽然間，發現車站附近有許多無家可歸的人，身子緊縮在角落一起取暖；他被眼前這一幕震撼住了，心情百感交集。

他從不知世間居然有人連遮風蔽雨的立足之地都沒有，當他獨自忍受寒冷難熬的長夜，才體會到流浪漢的可憐和無奈。

生命中的經驗，即將化為一種選擇，面對大學聯考，要如何在生物與醫學之間，選擇出自己的第一志願？

卓言認為自己的英文很好，數學也是強項，對國文卻不感興趣，加上不喜讀死書，報考自然組的勝算較大。據他「精打細算」，三年高中課程，生物課只有兩本教科書，只要讀得滾瓜爛熟，相信就能消化吸收，融會貫通。

果真，憑著這點努力，他考上了輔仁大學生物系。然而，他卻沒有絲毫喜悅，反而感到失落。入學讀了兩個星期，內心深處「懸壺濟世」的念頭不斷向他呼喚，他想再給自己一次機會，重考實現理想。

大一新鮮人急著享受大學生活，每週忙著參加舞會，原本想重考的同學早已沒了心思；加上生物系有位德裔教授，給了他們非常多指定功課，有意重考的同學疲於應付交作業，相繼打了退堂鼓。

卓言堅持要重考的決心，因為生物系不是自己的最愛，學醫的念頭也愈來愈堅定，心中惦記著效法杜利醫師，終於鼓起勇氣向學校申請退費。

但是，校方規定只有辦退學才能退費，無奈之餘，只好先斬後奏，瞞著父母辦理休學手續，準備重考醫學系。因為是休學而非退學，學費也要不回來了。

父親再度默許了兒子想要重考的任性，甚至希望有朝一日，兒女們都能到美國留學，彌補自己年輕時的心願。

卓言深知家境不富裕，負擔不起私立醫學院，因此重考只有兩個志願，一是臺大醫學系，其次是臺大農化系。

雄心勃勃準備重考，卓言決定回家好好自習，不料計畫去孔廟讀書的他，卻流連忘返於半途中的小說店，沒多久就把店內可租借的武俠小說全看完了。他發現這樣下去不是辦法，遂向父親提議到臺北補習，學習考試的應用題目及解題方法。

沒多久，卓言又故態復萌，經常前往「國際學舍」的電影院；那陣子，他看了許許多多的電影。聯考前一個月，同學們個個日夜死讀，為了成績一路衝刺，補習班特別推出「考前總複習」，同學們都留在臺北，沒日沒夜地苦讀，卓言卻決定返回羅東自修。

他為自己訂定了讀書計畫，每讀兩小時就睡一小時，睡醒便記住了那兩小時讀過的東西，效果非常好！母親從不干涉他的讀書習慣，反而隨時供吃供喝，結果，同學都變瘦，只有他變胖了。

這個適合自己的讀書計畫，讓卓言順利考進臺大醫學系，他感恩老天爺的保佑及父母、師長的栽培，第一次了解到人生的每個階段都是一種挑戰。「葛卓言考上臺大醫學系了！」很多人都認為不可思議。但是對卓言來說，卻是意料中事，因為他知道讀書的重點和方向。

## 放榜前初識無常，生離死別

卓言不是有權力欲望的人，不過，一旦遇到有事無人願意承擔時，他就會傻傻地說：「我做吧！」高三那年，他就是這樣當上班長的。重考後放榜前，他舉辦了一個高中同學會，召集全班同學和導師到碧潭深處的鷺鷥潭遊玩。

有位同學頑皮地爬上一顆大石頭，沒注意到旁邊警告牌寫著「水深湍急，漩渦洶湧，嚴禁游泳」，便縱身躍入水中，等到久久不見身影浮出，大家才開始呼救。

好不容易，把他打撈起來到岸邊，卓言不斷施以人工呼吸急救，卻已回天乏術……當天晚上，導師陪同卓言和另一位同學守夜，等待隔日檢察官前往驗屍。那是他第一次面對死亡，感受到生命的脆弱，內心的衝擊無法用筆墨形容。

驗屍以後，卓言雇了兩個原住民，協助搬運大體下山；當時下著大雨，山路崎嶇難行，他和另一位同學也幫忙抬。兩個大男生一夜未睡，心情沈痛，抬著沈重的大體，從山的這一頭走到山的另一頭，然後找到軍方車輛，運送到殯儀館。

遇難同學的父母已在殯儀館等候多時，面對他們失去獨子那分椎心刺骨的哀痛……穿著雨衣卻寒冷到骨子裏的卓言全身顫抖，見識到生命的脆弱，感覺度過了今生最長的一夜。

從殯儀館失魂落魄地回家，卓言完全沒心情去看放榜，還是姊姊告訴他：「你考上臺大醫學系了！」方才經歷過無常的卓言，一點也高興不起來，只感嘆人生太短暫，生命只在呼吸間……

醫學院的課程分為一般醫學及臨床醫學。大學前兩年讀的是通識課程，卓言並不認真；三、四年級才開始上基礎醫學，課程加重；五、六年級是臨床醫學，開始實習訓練，壓力接踵而來。

臺大醫學系的同學中，十有八九出自有醫學背景的家庭，早早就規畫好日後要選擇哪一個專科。卓言對於學醫這條路，還處於摸索階段，更遑論往後的行醫生涯，不同科別對自身的利害關係或影響。

同學們實力堅強，聰明才智高人一等，個個都是菁英中的菁英。考上臺大後，卓言對自己的實力，也變得更有信心。

步入大學殿堂，他對求學也有了新的認知，明白除了課本知識，更要去搜索資料及發掘問題。他真正懂得了學習方式並樂在其中，往後做學問日趨嚴謹，也懂得開發問題，學習尋找答案。

學醫，是卓言的人生轉折點，影響日後行事為人的巨大里程碑。

## 小醫師與大手術，下不了檯

醫學院主修的科目，有內、外、兒及婦等四大科系，卓言先選修皮膚科及耳鼻喉科作為副修科系，然後再認真考慮主修科目。

內科病患有三分之二是癌末病人，在那個年代，癌症等同絕症，他自知無法做一個眼睜睜看著病人死去的醫師；小兒科面對的是動輒哭鬧的小孩，他害怕自己不能勝任；婦科的患者以女性為主，女友（如今的妻子）孫筱培已頒發「禁令」；因此，他只能選擇外科，只要診斷正確，手術進行良好，病人就能康復。

外科醫師的訓練嚴格，時間長而且辛苦。醫學系最後一年，在臺大醫院實習期間，卓言感到生活異常忙碌，每天都面對新的經驗與挑戰，比如抽血、聽診、急救、儀器操作等，凡事都要從頭學起。

課本上說的是理論，面臨實際狀況又是另一回事。遇到疑惑的時候，有的師長知無不言、言無不盡，但有時也得自己去摸索；所幸他喜歡學習，做得愈多，汲取的經驗愈豐富，不但不覺辛苦，反而感到充實快樂。

醫學系畢業，班上七十位同學中，只有十三人入伍當兵，卓言就是其中一個。二十六歲那年入伍，擔任空軍防炮部隊隨營醫官，兩年軍旅生活，他在金門待了十三個月。

重考又念了七年醫學系，年紀較長的卓言較同袍成熟穩重，又因為問診態度和藹可親，不僅深得營長、團長的器重，也受到官兵們的愛戴，連附近老百姓都來求診，還會送自家種的蔬果，或自己做的食物給他，榮膺金門最受歡迎小醫官。

退伍後，親友見卓言人緣好，建議他自行開業。但是賺錢不是他追求的目標，他想再深入醫學研究，尋找救助更多人的機會。經過醫學院、實習及服兵役的洗禮，卓言認真考慮行醫的前途。

在臺北榮民總醫院擔任第一年外科住院醫師時，值班是三天一輪，一天休息；一天負責巡房，包括外科所有病人；一天隨時待命，以應緊急召喚或急診。一年三百六十五天，如此循環。

1976 年，醫學系最後一年，葛卓言到臺大醫院擔任實習醫師，充實學習結束，與同學在院區大門外廣場合影（上圖）。畢業紀念冊上，葛卓言寫下志向：「在最適當的時機，與最好的朋友，到最需要我的地方，做最需要的事。」（下圖）。

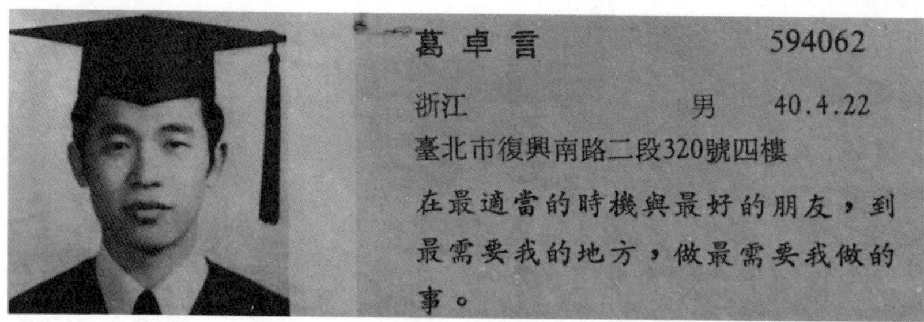

葛 卓 言 594062

浙江 男 40.4.22

臺北市復興南路二段320號四樓

在最適當的時機與最好的朋友，到最需要我的地方，做最需要我做的事。

1977 年 6 月 14 日，葛卓言畢業於臺灣大學醫學院醫學系，全班與師長們在臺大醫院前留影。

第一年住院醫師除了能開盲腸小手術外，沒有機會擔任主刀，進開刀房只能做第一助手，幫主刀拉勾、遞器材或縫線。

眾所周知，外科醫師最怕遇到的狀況就是「下不了檯（手術檯）」，卓言在擔任第一年住院醫師，就「幸運」碰上了。當時，一位五十多歲男士被送到急診室，急診醫師判斷是闌尾炎，排定由小醫師卓言負責開刀，總住院醫師當他的第一助手並且臨場指導。

他們打開腹腔，看到闌尾並沒有發炎，只有血塊在其周圍，繼續檢查後，才發現是肝癌，因為破裂出血至闌尾附近，才被誤診為闌尾炎。

兩位外科醫師面面相覷，心裏暗呼「不好」，小手術變成了大手術，院方緊急聯絡睡夢中的肝癌專科醫師前來處理，幸好他很快抵達，成功切除腫瘤。卓言留下來擔任第二助手，這是他第一次「下不了檯」。

手術整整進行了一個晚上，才把病人從鬼門關搶救回來，這個「下不了檯」的經驗，令卓言畢生難忘。

事後檢討，只因醫師沒把 X 光片看仔細，因而誤判是闌尾炎。這次失誤帶給卓言很大的警惕，從此以後看片子更加細心，一定要注意到病人的全身狀況。

八〇年代以前，電腦斷層掃瞄機尚未問世，很難判斷顱內出血的確切位置。基本上右邊出血、左方手腳會有症狀反射，反之亦然；但是，假如病人呈現半昏迷狀態，反應就不明顯，僅看外傷很難判斷，只能用猜的。

治療顱內出血要打開頭顱，必須先用電鑽在頭骨鑽兩個洞，再用線鋸從洞口的這一方鋸到另一方。鋸子體積小，頭殼很硬，鋸起來很累、很花時間，是外科醫師「最怕」的一種手術，卓言在某晚值班時遇上了。

那次，他擔任手術的第一助手，原以為是腦部右邊出血，發現錯誤又鋸左邊，花了一整晚才找到出血的地方，這是他第二次「下不了檯」。

這兩個病例，第一個是太過主觀而忽略其他問題，第二個只能說當初沒有先進設備，所幸有驚無險。

卓言投考醫學院，純粹是受了杜利醫師的感召。但是，當他真正面對生老病死，卻又感到力不從心，覺得醫師的能力還是太渺小了，對病患時常生出無力可回天的感慨！

## 風塵僕僕留學去，代父圓夢

1979 年，為了一圓父親的美國求學夢，卓言放棄臺灣優渥的既有條件，走上了留美之路。父親一手包辦，幫卓言申請到兩所學校，一個是紐約州立大學病理博士班，一個是匹茲堡大學公共衛生碩士班。

卓言比較喜歡公共衛生，因為公共衛生可以幫助許多人。然而，他仍須考量家裏的經濟壓力，當年匹茲堡大學的學費一年是一萬四千多美元，紐約州立大學只要六千多美元，在臺幣對美金一比四十的壓力下，紐約州立大學比匹茲堡大學便宜許多。

另一方面，他考慮到紐約是個大都會，將來妻子來美的話，應該比較容易找到工作。

卓言對病理的認識，大多來自醫學院三、四年級選修的葉曙教授的病理學。葉教授是臺灣醫界鼎鼎大名的病理學專家，卓言記得，他一拿起病理樣本，就要求學生馬上回答出疾病和病因，或者教他們透過顯微鏡，觀看病理切片。

卓言知道凡是「不可解」的死因，皆由病理蓋棺論定，很有「神」的威信，那種「最後診斷」的權威，讓他感到很有意思。進入病理領域後，卓言發現病理難不倒自己，讀博士偏重研究、做學問，這方面是他的長項。

記得就讀臺大醫科六年級時，實習醫師獲准參加在臺大醫院舉行的臨床病理研討會（Clinic-Pathologic Conference，簡稱CPC），每個星期都會提出一個病例，作為研討與學習的目標。

卓言非常喜歡參加CPC，聆聽臨床醫師講述病人的症狀、診斷及擬定治療計畫，萬一病人不幸往生，接下來揭曉答案就非靠「病理」不可了。

許多教授及準醫學士都喜歡參加這個研討會，大家都很想知道，自己的醫學判斷功夫到底到哪個境界？想當年，把臺大醫院第二講堂擠得滿滿的盛況，遇到自己診斷正確，回答治療方式又精準時，那種高興勁兒至今仍歷歷在目。

研討會上，大家既興奮又緊張又害怕，尤其那些教授和準醫師都害怕被在場的專家「電到」，自己的功夫也就立刻見真章了。

臺大醫院副院長杜詩綿的故事，也是卓言的「病理印象」之一。

杜詩綿的父親因肝癌去世，他自己也得了肝癌，當被宣判癌末，生命只剩下最後三個月，他選擇離開住了大半輩子的臺北，前往陌生的花蓮，擔任慈濟醫院創院首任院長。沒想到，竟奇蹟似地將三個月生命延展為六年。

當證嚴法師邀請他接下院長這個重責大任，他說：「我只要薪水一塊錢，到東部去，對我而言是義不容辭的事。」杜詩綿連任兩屆慈院院長，多活了六年，其間他發心立願救人，精神的力量不可思議。

醫者仁心，鼓勵著卓言走向病理的領域。後來，他到紐約布魯克林（Brooklyn）皇郡醫院（King's County Hospital）擔任病理科醫師，碰到出色的指導教授，更發覺病理其實並不難。博士班偏向研究，關係到動物實驗、細胞培養及醫藥生化研究等，這對卓言來說是比較新的領域。

## 跨越國界的情誼，永懷益友

卓言在紐約州立大學念博士班，因為尚未完成畢業論文，所以仍在蘭克斯醫師（Dr. Lanks）指導下學習，二十九歲才接觸到研究部門。

德裔美國人蘭克斯醫師是一位年輕隨和的好老師，接受很多臺灣學生，主要做細胞學蛋白質研究。在蘭克斯醫師指導下，卓言才知道「做學問」與「做研究」兩者完全不一樣。

做學問是喜愛鑽研，就像偵探一樣，去發掘病毒的機制和病毒的起源，最後找到答案，這是做學問；而做研究不僅要有前面的要點，還要做假設和推證，再把假設置於一個固定環境的模型中，最後印證推測是否成立。做「假設」非常重要，必須有很大的想像力及原創力。

同時期的同事，還有希臘裔的卡山巴力底斯醫師（Dr. Kasarcbalides），卓言加入團隊時，卡山已經拿到博士學位，在醫院工作。卡山跟卓言是很要好的朋友，他比卓言年長十歲，希臘人體格壯碩，個性直爽，做事又認真，平日不是在實驗室工作，就是在醫院做診斷。

蘭克斯醫師、卡山博士及卓言三個人組成研究區域的「金三角」，兢兢業業地守住各自的崗位。在臺灣成長的卓言，當年言論較偏向右派，卡山博士曾戲稱他是「高祺」，因為當時的越南總統叫阮高祺，領導南越跟越共打得你死我活，卡山博士因此叫卓言「高祺」。

有時看卓言喜歡咬文嚼字，又稱他是「莎士比亞」或「威廉（卓言的英文名字正好是 William）」，因為威廉・莎士比亞是眾人皆知的英國大文豪及劇作家！

卡山博士經常感慨自己比卓言年長十歲，經過漫長的九年歲月才拿到博士學位，尚未擔任教授，他時常以自己的例子告誡卓言當斷則斷，做研究是一條漫長的學習之路，拿博士的過程更是滿地荊棘，不如及早就業行醫；時年二十九歲的卓言，認真考量卡山博士的肺腑之言，對未來前途有了新的方向。

他先在布魯克林皇郡醫院病理科擔任住院醫師，第一年的工作，主要是在醫院進行解剖，遇到病人死亡，凡有死因不明或醫療爭議者，就由病理科來解剖。每個星期都有二至三個案件，需要解剖釐清死因，由幾組醫護人員輪流承擔。

當年，卓言租賃在人口最多的紐約布魯克林區，原本引以為傲的英文，竟然在商店購物時被店員調侃，或是被醫院同事說「聽不懂」，常令他心急又尷尬。

在非裔美國人占員工多數的醫院工作久了，卓言竟產生自己變成黑人的錯覺。然而，在別人眼中，他可不是「黑人」，一起工作的女同事，有時也會給他出難題。

她們會故意刁難：「你說什麼？」或是故作誇張地說：「抱歉，我沒聽懂！」用不友善的態度為難卓言。因此，他痛下決心，整頓自己的發音，經常反覆背誦對方回應的答案及問題，以免受到輕視。

口語表達的不足，讓他非常氣餒，蘭克斯醫師建議他多看英語新聞播報，他也如實照做，面對困境，盡力學習，漸漸克服語言上的障礙。

卓言所居住的區域非常不安全，居民口耳相傳的戒條是「入夜後不要在布魯克林區隨意走動」。一位埃及同事不信邪，有天晚上出門遭到四名年輕黑人包圍打劫，由於不肯交出錢包，被棍棒打到骨折。卓言一向謹慎，晚上八點過後絕不出門，以免惹禍上身。

卡山博士是卓言生命中的貴人，他非常賞識卓言，當卡山決定跳槽到西奈山醫學中心（Mount Sinai Medical Center）擔任副教授時，立刻邀請卓言一起過去。

西奈山醫學中心是由西奈山醫院和西奈山醫學院組成。西奈山醫院建於一八五二年，是美國歷史最悠久和最頂尖的教學醫院之一，西奈山醫學院在科研和教學方面的強大實力，則是國際所公認。

「你已考到病理專科醫師證書，夠資格擔任主治醫師了，不用浪費時間讀博士班。」卡山博士告訴卓言，若是真心喜歡做研究，不需要博士的頭銜，一般醫師就可以了，「如果想要在這個領域有所成就，那麼一起來吧！我們三個人共同來做研究！」

卡山博士所謂的「成就」指的是諾貝爾醫學獎，當年的「金三角」其實有著遠大的研究志願，若不是其中一人英年早逝，或許要全面改寫卓言的故事呢！對卓言來說，讀博士班其實是安慰老父之舉，因此聽從卡山博士的建議，中止了博士班學業。

1984 年，因為卡山博士的推薦函，卓言順利被錄取，很快便到西奈山醫院擔任主治醫師，第一年還接受免疫病理專科的訓練。葛博醫師（Dr. Gerber）、卡山博士及卓言組成一個研究團隊，由卓言專責病理分析追蹤。

薪水躍升，大大改善了家計，妻子也在此時興起創業念頭，考慮到家計來源穩定，因此小倆口放大膽子進軍商界。

卓言上任後，卡山博士很照顧他，他也跟大家相處得很好。由於很早就離家獨自生活，養成他很會察言觀色的本事，懂得人際關係和諧的重要，待人處世不走極端，遇到不好相處的人就避而遠之，因此在醫學中心人緣很好。

西奈山醫院的環境遠比紐約州立大學優渥許多，卓言不只做一般病理檢驗，還要以免疫病理做特殊診斷。病理學本身就是一個專科，免疫病理學在當時的醫療體系，是既新且專的領域。後來，病理科的細胞檢驗室主任因腦瘤離職，由卓言兼任。

卡山博士是出了名的工作狂，有時卓言會半開玩笑地勸他去度假享受人生。有一次，卡山博士突有所感地告訴他：「將來有一天，你們會找不到我，我要休假了。」

頑皮的笑容還在眼前，沒想到玩笑話卻一語成讖，語聲方落不到兩年，卓言就真的看不到他了。有一天，醫院辦公室的人說：「他走了，心臟病突發走的。」

卡山博士離世時只有四十六歲，平時身體很好，沒想到會英年早逝。他的死對卓言產生非常大的衝擊，也開始思考：「人生的意義及方向，到底在哪裏？」

當年，葛博醫師在路易斯安那州的紐奧良杜蘭大學謀到病理系主任新職，倘若卡山博士尚在人間，那麼葛博醫師一定會邀請卡山博士轉進杜蘭，而卡山博士也一定會邀卓言一起過去。而今物是人非，卡山博士已逝，卓言決定留在紐約，轉到紐約皇后區的艾姆赫斯特醫院擔任病理科主治醫師，該家醫院是西奈山醫療體系下的分支。

卓言行醫嚴謹，每次碰到新案例，在做出診斷前都會追蹤

1978 年，葛卓言入伍擔任空軍防炮部隊隨營醫官，兩年軍中生活，在金門就待了十三個月，與同期預官結下深厚友誼。

1985 年，葛卓言在紐約西奈山醫學中心艾姆赫斯特醫院和病理科主任葛博醫師及同事合影。

病例、檢視相關醫學研究，如有必要還會到圖書館尋找資訊。當年沒有電腦網路，查資料得去圖書館，卓言每日前往圖書館至少三、四小時，有時餓著肚子待上半天，甚至一天的時間。泡在圖書館裏做研究，對卓言來說可謂家常便飯。

他常常從一篇專文研究讀到另一篇資料，直到搞清楚病因為止。同日之間，他在圖書館爬樓梯，上上下下，樂在其中，絲毫不以為苦。種種辛苦就是為了得到一個答案，若出現新問題就繼續找，完全融入追求病理的興趣。

當工作碰到瓶頸時，他不願坐困辦公室，花自己的時間下苦功，變成了他的習慣。一旦養成習慣，無論是在醫學界，或是後來跨行進入投資界，都是以這種「打破砂鍋問到底」的精神來從事工作。

卓言從小到大習慣自己解決問題，不擅於求助於人，這跟他的個性及父親的訓練有關；當他遇到困難，總會要求自己去面對挑戰，想方設法來解決。在「自覺」學醫的個性引領下，一路走來倒也自在，依循自己的興趣和因緣走下去，學醫過程瀟灑走來，算是相當有成就了。

# 2.

# 大醫師轉任企業家

## 1978 結婚 / 從臺灣到美國

為了圓滿孫筱培的創業夢想，卓言在醫院與公司兩頭奔波，漸感力不從心；年輕的筱培一心想創業，卓言為了成全她，決定放棄自己的醫師生涯，脫下白袍換西服，改行做起實業家。

## 青梅竹馬愛相隨，勇闖異鄉

一路走來，專注於做學問的卓言非常內向，看到女生更是木訥，幸好姻緣天注定，美嬌娘從天而降，從此相依相隨、相互成就。

卓言及筱培兩人的姊姊是閨蜜，筱培北上念大學前，經由二姊介紹認識了卓言。兩位姊姊交代他要好好照顧筱培，因為那是她第一次上臺北。沒想到這個「照顧」，持續了整整一輩子。

筱培生於 1952 年，父親在她六歲時因肺癌往生，當時最小的妹妹才出生七天，母親含辛茹苦撫養六個女兒。筱培從小敬仰母親，她記得母親總是說：「我們明年的日子，會過得更好！」

然而，米缸還是見底了，小小年紀的筱培，學母親寫公文向政府申請米糧，向鄰居借貸白米，她很感恩政府有米糧送給軍眷。

雖然生活清苦，但回憶起上大學前的生活，至今仍感到很

孫父在筱培（前排中）六歲時往生，孫母含辛茹苦養育六個女兒，幸得舅舅一路扶持，讓孩子們得以在關愛中成長。

孫筱培（左一）的母親樂觀面對生活困境的態度，不僅是六個女兒學習的好榜樣，也讓她們得以健康快樂成長。

甜蜜，因為母女情深，每一個女兒都從心底相信：「母親永遠是最愛我的人！」母親養育女兒們的那種平等心，讓筱培非常敬佩，她學習母親的這種精神，日後對待兒女或周遭共事的人，都一視同仁。

母親以樂觀的態度，撫養六個女兒健康成長。在筱培進大學的前一年，才終於存夠了錢，在臺北新店買下自己的房子。

同一年，卓言重考錄取臺大醫學院，筱培考取世界新專，劉同學（卓言的初中同學）在清華大學讀書，他們一起參加了在臺北舉行的省岡中校友會，從此開始「三人行」，經常利用放假日，三個人一起出遊、看電影、吃飯、逛街。

情竇初開的劉同學率先表示喜歡筱培，央求卓言充當月下老人；老實的卓言善盡朋友之職，大力向筱培鼓吹好友的長處，不料他愈說愈惹佳人生氣，後來才知道筱培喜歡的人是自己！

據筱培透露，卓言當時就是一個宅男，不擅長跟人打交道，與現在的處事圓融，完全不一樣。有時，筱培受不了卓言的木訥，氣得不想跟他說話。這時，卓言就會出現在孫家，裝作不知道筱培在生氣，若無其事地帶著兩位孫家妹妹去看電影。兩個妹妹都叫他「葛哥」，每次小倆口吵架，她們總是站在「葛哥」這一邊。

因為醫學院要念七年，兩人愛情長跑八年才結婚。1978年，還在當兵的卓言迎娶筱培；1979年退役後，成為榮民總醫院外科部住院醫師；1980年4月，大女兒甄蓉出生，五個月後，卓言奉父命赴美深造。

就讀紐約州立大學下州醫學院病理研究所博士班幾個月後，系主任見卓言勤勉向學，推薦他到紐約州立大學附屬醫院暨布魯克林皇郡醫院病理科擔任住院醫師。院方礙於留學生身分不能打工，遂以「獎學金」代替「薪水」的方式，聘請他工作。

相較於其他留學生必須去餐廳端盤子、洗碗，支付龐大學費和生活費，卓言覺得自己算是幸運了。

礙於中華民國政府規定，留學生的家眷要等半年後才能出國陪讀，筱培暫時留在臺灣的成衣公司工作。

有一次，她被派去德國參加成衣展，回臺途中轉機去紐約；

1978 年 3 月 11 日，葛卓言與孫筱培在臺北結婚。（上）

1980 年 4 月 5 日，女兒葛甄蓉出生，葛卓言初為人父。（左）

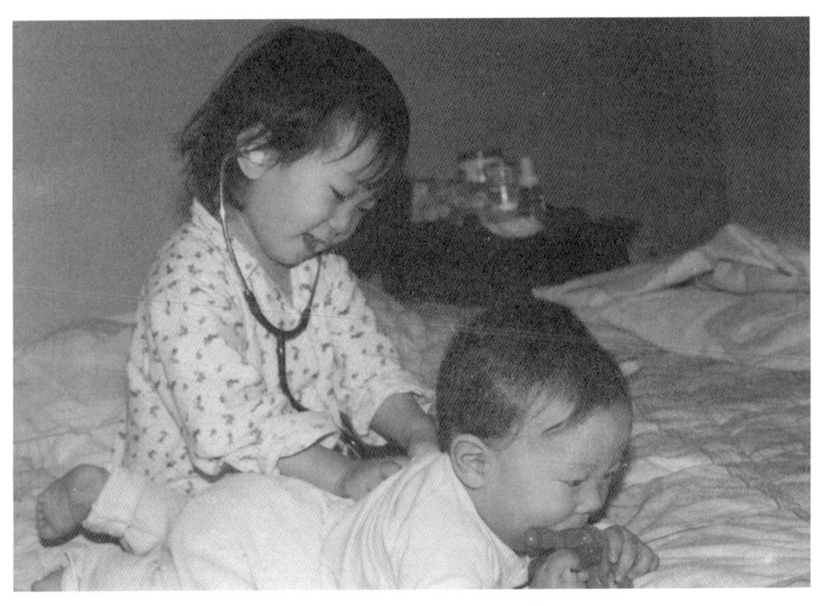

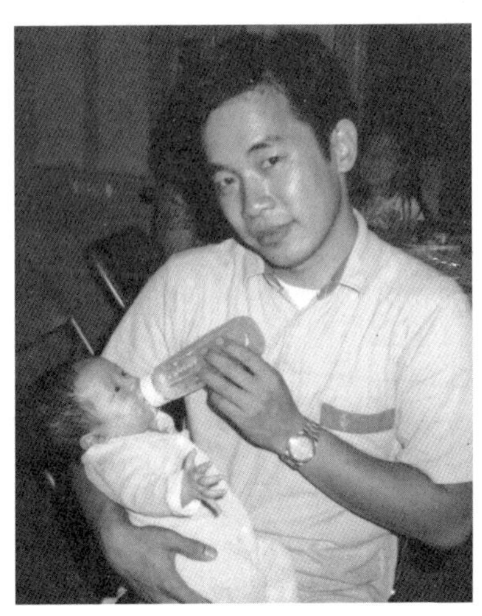

葛甄蓉和葛兆平最喜歡拿爸爸的聽筒玩醫師看病遊戲。（上）

1982 年 6 月 30 日，兒子葛兆平出生，葛卓言熟練餵奶。（右）

飛抵機場後，同行的夥伴相繼離開，剩她一人足足等了一個多小時，內心非常惶恐。後來才知道，窮小子卓言沒車，輾轉換了幾趟地鐵和公車，才到達機場。

當他們拿起行李，搭計程車去布魯克林住處，可能是英語不靈光，還沒到目的地，就被司機趕下車。當時卓言初來乍到，對地理環境並不熟悉，走在紐約街頭提心吊膽，很怕黑人突然跳出來搶劫。

他想了一個辦法，叫筱培走路既不靠左，也不靠右，因為美國車輛絕對禮讓行人，走在馬路正中央，以提防壞人從路邊竄出；二十分鐘的路程，驚險有如高空走鋼索。回想當時提著行李跑步過馬路的情形，兩人至今還感到心驚肉跳呢！

在紐約短暫停留的日子，未雨綢繆的筱培親自去和進口商打招呼，美國商家與她一見如故，很熱情地邀請她來美工作，有了這顆「定心丸」，筱培於 1981 年獨自赴美與卓言團聚。

為了保證妻子的安全，卓言決定從醫院宿舍搬遷到較為安全的地區。他到處找房子，但租房子要看薪水單，確定收入，這成了一道難題。

博士班學生礙於規定，不可以拿正式醫師的薪水。當其他醫師支領年薪兩萬美金，他卻同工不同酬，每年只能領六千元獎學金；而且醫院將獎學金直接寄給學校，全無憑據，根本無法向房東提出收入證明。

卓言鼓起勇氣找系主任協商，院方同意作為雇主代為申請綠卡，卓言及筱培這才向移民局提出申請，兩年後拿到綠卡，從此爭取到平等待遇，醫院按月發醫師薪水，夫妻倆終於在美國爭取到立足之地。

好不容易，卓言用三百美元租到一個像集合住宅（Town House）的家，位於布魯克林和皇后區的交界處，居住條件很普通。一切都安頓好後，1981 年接女兒來美；次年，兒子兆平出生。

## 捉襟見肘美國行，棄醫從商

受杜利醫師感召，卓言考上醫學院、完成學業、服完兵役，並開始行醫。薪水變作獎學金的那段時間，生活非常辛苦，儘管筱培既節流又開源，家庭開銷仍是捉襟見肘，於是她想走出去找工作，幫忙分擔家用。

幸運的是，筱培對成衣的報價及相關業務非常熟悉，猶太裔老闆決定聘用她從事東南亞進貨，她得以展現才幹，為公司奠定了良好基礎。

生活改善後，卓言一家搬遷到距離紐約一個小時車程的長島。這時，卓言已在紐約州立大學附屬醫院暨布魯克林皇郡醫院病理科完成四年住院醫師的訓練，也通過病理專科醫師的資格考試，並轉任西奈山醫院主治醫師。

就「夫唱婦隨」的傳統來說，筱培似乎應該待在家裏，頂著「醫師夫人」的頭銜，相夫教子，做一個「成功男人背後的女人」，但她卻因為客戶的鼓勵，興起了創業的念頭，並且取得卓言的支持。

卓言認為，公司只做代理業務不需要龐大資金，再說他的薪水已足夠家庭溫飽，加上天生的好奇心驅使，他也想看看妻子能否闖進美國的商業殿堂，所以就同意了。

事後，他才發覺經商的挑戰比醫學更大，投入其中，成就感十足，也從同業、股東及員工身上，學習到很多。

筱培喜歡衝鋒陷陣、擴充版圖，在他們四十多年的婚姻生活中，卓言扮演軍師角色，提供意見。筱培是行動派，他是深思熟慮派，一動一靜卻能互補，彼此有默契地相互成就。

1984 年，卓言與筱培達成共識，在美創業，她負責行銷，他從旁協助。

卓言讚揚妻子是天生的銷售員，做生意絕對不輕言放棄，從不接受別人對她說「不」，會窮追不捨直到客人答應為止。這樣積極樂觀進取的個性，讓她能夠在美國順利創業。

然而，卓言就不是這樣的人，他的臉皮很薄、自尊心很強，從來不願求人；他自認前半生最大的敗筆，就在於不願放下身段，遇到難關時，無法向人尋求協助，因此吃了很多苦。

兩人個性南轅北轍，但卓言肯定表示，公司能成功立足美國，真正的靈魂人物是筱培。他深知一個創業者若沒有積極進取的精神，面對人家說「不」依然堅持的勇氣，如何能夠在異域他鄉創業？

當然，若是沒有卓言的支持及專業知識，筱培的創業之路也會非常艱難。

剛開始創業的時候，卓言委託律師設立公司，他對財務及從商沒有任何經驗，可是他對有挑戰性的工作感興趣，因此不辭辛勞地身兼兩職，既是醫師也是企業家，換下白袍後，就披上西裝，前往公司處理各項業務。

卓言原本為公司取名「蓉兆企業（Joanna & Charles Inc.）」，各取女兒甄蓉及兒子兆平名字中的一個字，後來改名為「榮兆企業」。當公司規模日大，需要卓言處理的事情愈來愈多，挑戰也相對增加了。

卓言不是學商的，他對於會計、財務、行政等作業沒有任何概念，也沒有什麼親戚朋友經商，可以牽引或指點，學做生意全得靠自己摸索，從學習中累積經驗，做中學，學中做，從不懂學到懂。

他們做的是成衣生意，總是親自拜訪供應商。供應商為了留住客戶，都會「知無不言，言無不盡」地把布料的材質、純棉或混紡的百分比，介紹得清清楚楚，哪種布料適合做什麼衣服或什麼樣的成品等，為學做生意的兩個商場新鮮人上了一課又一課。

一切從零開始，拿到訂單的卓言這才開始研究，如何跟下游的製造廠商議價、約定交貨時間、製造、包裝、交貨及運送；在這之前，他甚至不知道到底如何定價？投資報酬率要定多少個百分比，才有賺頭？

而筱培的角色，定位在接訂單的業務，她很投入自己應負責的範圍，其他的事都交給卓言處理。既然他答應幫忙創業，凡是她責任範圍以外的事，他都責無旁貸。

卓言不知道「生意經」錯綜複雜，對做生意根本是門外漢，所有的概念就是「三毛錢買進，五毛錢賣出」，其餘皆有待進一步驗證。

## 篳路藍縷創事業，姊妹相挺

創業之初，卓言夫妻把家裏的地下室當作辦公室，成本不到兩千五百美元，算是家庭式小本經營；他們在家接訂單及聯絡廠商，以賺取佣金方式謀利。

從小，筱培就很顧家，孝順母親，愛護姊妹；等到美國的事業扎根穩定，人手漸感不足，夫妻倆就想到邀請孫家姊妹到美國一起打拚。在筱培一聲令下，孫家姊妹立刻收拾行囊，飛越太平洋來助陣。

孫家六個姊妹，前面三個姊姊各差兩歲，後面三個妹妹各差三歲，從小就分成兩派，前四個是保守派，後兩個是調皮派；六姊妹的感情是「平日吵吵鬧鬧，一旦外力來襲，就是銅牆鐵壁」，儘管童年時家境清貧，但在孫家母親的教育之下，大家都變得很堅強，知道團結起來抵擋外面的風風雨雨。

當筱培登高一呼來美創業，除了大姊是船長夫人，原本就賦閒在家，其餘眾姊妹皆立刻把工作辭了，全力護持筱培的事業。當年七十歲的母親也隨之移民，老五巧培特別買了錄音機，讓媽媽從 ABCD 學起，在美國享受到快樂的晚年。

二姊足培在 1984 年移民來美，原本她在臺灣聚合化學品股份有限公司工作，如果不是姊妹情深，實在沒有理由放棄臺灣的愜意生活。

在臺灣的時候，足培每天打扮得漂漂亮亮去上班，家務由婆婆一手包辦，孩子也被照顧得好好的，頂多平日輪流洗碗，假日打掃家裏，來到美國後，凡事都得自己來，沒有人可以當靠山了。

二姊的婆婆曾在 1988 年來美，但最終無法適應美國生活。他們出門上班上學，婆婆從窗戶看出去，左看右看，杳無人煙，她跟足培說：「你們住的這裏，我站在窗子、門口看，看了一、兩個鐘頭，都沒有一個人走過去……」婆婆感覺很寂寞，想回臺灣，足培明白老人家住美國像坐牢一樣，所以沒有強留。

三姊磊培原本在國貿局工作，捧的是公務員的金飯碗，但是妹妹筱培一句話，就讓她義無反顧地全捨了，馬上辭職，主持妹妹在臺灣的分公司。當時磊培不到四十歲，如此乾脆辭職的理由就只有一個——「妹妹需要我」。

後來，筱培夫婦決定把生意集中在美國，臺灣分公司只經營五年就結束了。提早退休的磊培沒有馬上去美國，因為先生是軍人，戒嚴時期不准出國，幾年後先生退伍，她才帶著小女兒赴美讀中學。

其實，磊培主要是來陪母親的，從小到大都是一家人相依為命，獨留她一家在臺灣時，母親和姊妹們都非常牽掛，所幸最後能夠團圓。

五妹巧培在父親重病期間，正處於最好動的三歲年齡，當年小妹萊培尚在襁褓之中，母親照顧起來捉襟見肘，因此巧培經常被寄放在親戚朋友家，五歲被送去蔣夫人宋美齡辦的華興育幼院（也就是俗稱的孤兒院），一直到小學一年級才被接回孫家。居無定所的她，從小就沒有安全感，不知道自己明天又會被送到哪裏去……

巧培的女兒曾經問：「媽媽，你們家那麼多孩子，為什麼只有你被送去孤兒院？」原因很簡單，姊妹們當時都太大了，只有她的年齡是院方可以接受的。

孫家最小的妹妹萊培也曾在育幼院住了半年，寒暑假回家時，小姊妹自成一黨，與比較早搬去臺北的四個姊妹格格不入。母親很擔心六姊妹分成兩派，堅持把巧培及萊培從育幼院接回來，儘管此舉會導致經濟負擔雪上加霜，但是母親認為親情比金錢更重要，她要把六姊妹的心牢牢綁在一起。

在卓言辭掉醫師工作前，成衣公司也曾經歷兵荒馬亂時期。由於筱培的個性強勢，做起事來「說是風，就是雨」，孫家姊妹礙於她是老闆，平日都敢怒不敢言，唯有星期天由卓言「主政」的日子，可以得到抒解，從小到大，她們都對卓言心服口服。

卓言笑稱，由於孫家姊妹的「情商（EQ）」都不高，處理事情的態度都是直線式，說話直來直往，因此容易生嫌隙；而卓言因為很早就出來自立門戶，見過世面，不論說話技巧或思維邏輯，都會設身處地替人著想，所以和孫家姊妹間有很好的互動。

年輕的時候，孫家在臺北搬了很多次家，每次都是卓言在鞍前馬後幫忙，從十幾歲起就在孫家進進出出，早就被當作是一家人；孫家姊妹移民來到美國，不管生活起居或任何狀況需要解決，卓言都是隨傳隨到，即使遇到不懂的事，也會想辦法解決。

卓言早把孫家姊妹當成自家姊妹，在他還沒娶筱培之前，孫家的兩個妹妹就稱呼他是「葛哥」了，孫家的大姊、二姊也都把他當作弟弟，看做是孫家的一分子。

卓言在公司主持會議時，不會特別袒護筱培，他知道妻子是很直率的人，有時候講話容易傷人，尤其姊妹之間更是熟不拘禮，平時對外人還算客氣，做生意懂得和氣生財，但是對自己姊妹說話則直來直往，弄得姊妹積怨在心，即使不明講，有時也會不經意地表現出來。

每當卓言居中調停，他不會特別偏袒任何一方。通常他已經知道大概狀況，於是站在個別的立場，把事情解釋給孫家姊妹聽，最後取得諒解。所以，要是沒有卓言居中協調，筱培就沒辦法全心全意往前衝，他們夫妻所扮演的角色正好互補，相輔相成。

創業的過程並非一帆風順，原本就強勢的筱培加倍強勢。有一天，巧培被筱培氣得離開辦公室到外面透氣，正好碰到卓言，她氣呼呼地問他：「你怎麼不帶老婆去信教？我聽說有信仰的人脾氣會變好！」

卓言反過來問她：「你自己怎麼不去信教？」巧培說：「你們先去，我就跟著去！」沒多久筱培夫妻雙雙走進慈濟，巧培也信守承諾跟著去了。

當時正好是中秋節，卓言和筱培先一步回臺灣參加營隊，順便幫兩位妹妹報名新進志工營隊。

第二天，萊培決定和孫家母親出去逛街，只有巧培留下來聽課，那堂是由慈濟基金會副總執行長林碧玉分享接引醫師進慈濟的艱難，她深受感動，不但一節又一節地把全部的課都上完了，還被推選為上臺報告的代表之一。

巧培看到另一位學員寫了密密麻麻的筆記，於是和她商量：「你先講，我聽完再決定要講什麼。」不料隔日一覺醒來，上臺分享的順序已公布，巧培被安排在前面報告。

她只好硬著頭皮上臺，看到臺下沒有認識她的人，遂決定暢所欲言：「我姊姊及姊夫都是知識分子，不知道他們為什麼會對這位師父如此恭敬？我姊姊是百分之百的生意人，沒想到會被師父教得如此柔軟！我特別從美國到臺灣來，看看他們有沒有被騙！」

臺下學員聞言哄堂大笑。雖然巧培認識慈濟近三十年，卻觀察了許多年才歡喜受證。過去的她埋首工作，整天只知道賺錢，直到埋伏在生命中的無常悄然出現，奪走了先生的生命，她才有機會停下來思考自己的人生……

學會「捨」之後，巧培把慈濟人文帶入家庭、工廠、生活，愈捨愈開心！凡是需要她的地方，她都全力以赴，特別感恩卓言及筱培帶她進慈濟，讓她永遠法喜充滿！

1988 年，剛從臺灣成功大學畢業的年輕女孩陳碧玲，預備出發去美國留學，臨行前接到友人的鄭重拜託，請她幫忙送一箱成衣樣品給紐約的孫筱培，誰也沒想到，這個包裹竟讓陳碧玲與孫家姊妹結下不解之緣。

陳碧玲負笈美國的行囊早已客滿，如何能夠騰出空間帶別人的東西？但她拒絕不了友人一再請託，只好提出條件：「對方必須到機場接機取件。」

由於委託陳碧玲帶來的樣品，隔日便要送件給客戶。當陳碧玲在機場交件後，原希望他們立刻送她回宿舍，但是接機的人開口請求：「可以先回公司嗎？大家正在等樣品開會，晚點再送你回家好嗎？」陳碧玲無奈地點頭答應。

來到孫家，筱培給她的第一印象是，一個看似嬌小卻有行事魄力的女強人。

當時，一屋子女人正手忙腳亂地畫設計圖，舟車勞頓的陳碧玲不知何故竟自告奮勇地說：「我可以幫忙畫畫！」這一畫就畫到三更半夜，當晚就住下了。沒想到一時的「大發慈悲」，注定了她與孫家人一世的情緣。

隔天，筱培再度請求陳碧玲隨行，還鼓勵她順道去曼哈頓逛逛，就這樣陳碧玲跟著筱培去見客戶，客戶好喜歡她的畫。科技落後的當年尚無「數位相機」，服裝設計都是手繪圖，陳碧玲把衣服的細節都畫出來了，讓客戶歎為觀止。

陳碧玲記得那家公司裝潢很漂亮，但她實在是太累了，一不小心竟在老闆辦公室睡著了。仰慕她才情的老闆笑著說：「沒人可以在裏面睡覺，她算是打破紀錄了！」一邊回過頭再三交代筱培：「別讓這個小姑娘跑了！」

回程路上，筱培誠懇邀約陳碧玲：「要不要留下來工作？」開出條件幫她辦綠卡、幫她付學費……稍作考慮後，陳碧玲打電話與朋友商量是否可行，對方說：「即使你拿到碩士，也未必能找到工作；即使找到工作，公司也未必願意幫你辦綠卡！」

陳碧玲決定接受這份工作，搬進去孫家同住，也轉學到附近的學校。孫家人待她非常好，暱稱她是家裏的「老七」。

## 嚴母慈父換角色，從善如流

對孩子的教育，卓言與筱培是屬於「教孩子」的父母，生意再忙、工作壓力再大，也不會打罵小孩。他們和平常人家一樣，兒子兆平和母親比較親，女兒甄蓉和父親比較親，有心事會對父親傾訴，特別討卓言喜歡。

甄蓉善解人意，因為是老大，卓言花了比較多的時間陪伴她；擔任醫師的時候，他還有空閒給女兒講故事。甄蓉珍藏父親的睡前故事，發現自己有很多時候能在現實生活遇見父親在故事中暗藏的叮嚀。

卓言的床邊故事，有些短而有趣，有些要花幾個星期才會講完，每一個故事都充滿了教育意義。為了讓兒女專心聽故事，有時他會把甄蓉和兆平編進故事中的角色。

他的故事總是充滿了冒險情節，包括在生活中或面臨人性黑暗面時，人們所做的各種選擇。他的用意是要讓孩子們體驗不同的人生境界，以便日後面對挑戰時有所應對。

在卓言編輯的故事中，有時候孩子很窮，想盡辦法掙脫困境；有時候孩子做了一個不當抉擇，既傷人又傷己；有時候孩子又變成了英雄……從中，甄蓉及兆平學會珍惜自己的現實生活，慶幸自己不必經歷故事中的種種惡劣狀況。

在故事裏，孩子擁有一個允許失敗、甚至丟臉的安全地帶，他們常討論主角所面臨的不同困境和選擇，卓言會問：「如果你在這種情況下會怎麼辦？」他總會等到孩子想出辦法克服困難後，才允許孩子上床睡覺。

女兒很崇拜卓言，最喜歡聽父親講故事，聽著聽著便咕咕咕地笑了起來。床邊故事時間，是父女倆最難忘的時光。

甄蓉觀察父母辛勞持家，了解「天下沒有白吃的午餐」，不要覬覦身邊突然出現的好運。

卓言曾與甄蓉分享葛家老母親在路邊攤買到一瓶半價醬油的故事。當時，她很高興買到便宜貨，直到她用來煮菜時，才發現自己買到的是摻了水的醬油。老闆之所以用一半的價格出售，是因為他只放了半瓶的醬油！

他告誡女兒：「我們必須花一點時間思考對方的動機和出發點，如果某些東西聽起來『好得令人不敢相信』，那可能就是一個騙局。」

另一個故事主題是「不要怕改變」，大多數人會猶豫是否要根據現況改變既定目標，猶豫著是否要半路轉彎？卓言會以對立的觀點挑戰自己的想法，不怕改變既定的目標與思維。

甄蓉從故事中得知卓言醫學院畢業後，成為一名病理學家，但他為了使生命更有意義，放棄了既有的成就，擔任全職志工去幫助那些無處求助的人，做這樣的決定需要很大的勇氣。每當恐懼來襲，甄蓉就會想起卓言的故事而勇氣百倍，父親教會她：「不要害怕改變。」

卓言又分享他服兵役時，總是努力工作、不抱怨，從來沒忘記他的最終目標，是爭取更多的時間放假，以便與未婚妻（如今的妻子）相聚。

當他收到病人餽贈的禮物，從不會自己保留，反而全送給了長官。卓言認為，分享禮物會讓他的長官留下好印象，從而得到假期去探望未婚妻。卓言告訴女兒，接受禮物可能會讓自己得到滿足，但不會幫助他實現與未婚妻建立新家庭的最終目標。所以，「莫忽視大局和終極目標，避免分心。」

卓言喜歡與孩子分享自己學到的東西，不僅因為他想讓別人學習，而是因為教別人的同時，也增長了自己的知識。他常提醒孩子，如果真的學會了，就應該能夠教別人。

這個「教學相長」的概念影響女兒鉅深，每當甄蓉需要學習新事物時，都會自己先學習，然後嘗試教別人；教的愈多，學的也愈多，就愈喜歡教學。甄蓉試著讓學習變得有趣，經由故事及實驗，也與自己的孩子分享生命歷程，就像父親教她的一樣。

甄蓉說，每個人感受愛的方式不一樣，但每個人都渴望自己被重視。卓言給孩子們的愛等量飽滿，儘管日理萬機，但他總是找機會為家人切水果、分享故事、耐心傾聽。

卓言以外科醫師的專家刀法，為家人創造出美麗的水果拼盤。有時，他提前做了水果盤；有時，家人聚在一起，看他切水果。然後，一邊吃著美味水果，一邊享受閒話家常的快樂時光。一個看似簡單的舉動，卻可以讓家人的心更貼近。

找時間分享故事，是卓言愛兒女的表現。甄蓉最喜歡父親講故事的方式，她能感覺到父親對她的尊重，總是會問她的想法和意見，讓她感到自己很重要。

甄蓉十六歲那年，送給卓言的生日禮物，就是他講故事時錄下的錄音帶。他聽到女兒一直問：「然後呢？結果呢 ？」細細尖尖的聲音聽起來很高興，卓言不知道是誰錄的，也不知道後來放到哪裏去了，但那一聲聲「然後呢？結果呢 ？」卻常在他腦海裏快樂盤旋。

歲月漸老，卓言持續說著他的故事，而今有了新的聽眾——他的孫子們！

無論是當醫師的爸爸，或是做生意的爸爸、做慈濟志工的爸爸，在兒子兆平的心目中，都是一樣的爸爸，「不管做什麼，爸爸都用一樣嚴謹的態度，全力以赴，做什麼事都很用心。」

兆平的外表像卓言，連講話的聲音和表情都很相似，乍看之下儼然是個「小卓言」，但他從小卻都是黏著媽媽筱培。

他自稱個性獨立，不用事事向爸爸卓言報告請示。

雖然卓言永遠忙碌，卻細心觀察到兒子和自己小時候一樣，說話的速度很慢。因為說話慢的人比較難得到別人的理解，有時會發無明火，所以卓言教他下棋，培養冷靜的性格，並在棋盤的戰爭中，學習到人生的戰略及決策，父親的人生棋法，對兒子的一生有重大影響。

兆平的數學很好，因此能以數學的基礎、下棋的訓練，在財務領域中嶄露頭角。兆平小時候讀書，很少請卓言指導。有一次他在做數學題目，卓言尚未教他，他已經算出了正確答案。卓言看了兒子的算法，很驚訝地看到與自己完全不同的邏輯，這是他第一次發現兒子有數學天分！

喜歡打電動遊戲的兆平想學電腦，他以為學電腦就可以天天打電動！沒多久，卓言棄醫從商，兆平變成了生意人的兒子，他有機會到父母的公司參觀，小時候寫作文「我的志願」，他的志願就是當老闆，每天坐在辦公室簽支票、交代員工工作就好，少年不識愁滋味的他曾經說：「媽媽，你們的工作很簡單嘛！」

沒想到，兒子的老闆夢很快就幻滅了，他念高中的某一天，父母向姊弟倆宣布：「決定離開公司去做慈濟了！」當時的兆平感覺很失望：「喔喔！做不成老闆了！」

卓言自認對兒子和女兒都一樣，但可能是兒子跟他小時候一樣，比較木訥，不會撒嬌，因此，當兒子犯錯之時，卓言可能會兇他；筱培正好相反，她跟女兒偶有爭執。

因為平時忙碌，疏於父母之責，心存內疚，總是想用物質補償孩子，所以孩子想買什麼，大多可以如願。

有一次，全家人一起逛超市，女兒買了一個面霜，還有一些其他東西；回到家後，筱培打開面霜使用，沒有先問女兒一聲。女兒見狀很生氣，質問她：「為何沒說一聲就用了？」聞言，筱培也生氣回她：「我是你媽，東西也是我買的，為什麼不能用？」這番話讓女兒更火大：「送給我就是我的，你要用應該先問我！」

筱培向來不敢對自己的母親頂嘴，女兒竟敢挑戰她的權威，價值觀不同，難免會有摩擦，這點讓筱培心裏很不是滋味。卓言安慰她：「孩子長大了，做父母的要學習尊重她，孩子願意表達自己的主見，就是希望你能了解她。」

卓言知道，處在成長期的孩子，隨時會出現叛逆的行為，他們並不是壞，只是想讓大人知道自己已經長大，需要得到重視而已！卓言的分析，給了筱培一個當頭棒喝，學習到原來孩子們也需要被尊重。

為了提高孩子們的中文程度，1990 年，筱培決定帶孩子到長島的中文學校報名上課，內向的卓言不常去學校，通常把孩子載到定點就離開了。筱培不僅送孩子去「長島文協」學中文，也熱心投入中文學校的運作，擔任教務主任，承擔董事，甚至鼓勵卓言也進去做董事。

卓言不願意參與這些事情，筱培想到他下棋技術不錯，學校也需要課後輔導課程，就鼓勵他去教孩子們下棋。卓言接受建議去教下棋，跟孩子們結了不錯的緣，從此才積極參加活動。

筱培一步步將內向的卓言推向舞臺，明白妻子的用心，卓言從善如流，最後被推選為「長島文協」的會長。

平心而論，卓言辦活動並不怎麼在行，反倒是筱培比較能幹，他只是頂了「會長」名義罷了！由於長島文協以前一直沒有辦過大型活動，大家決定仿效新澤西舉辦「中國日」的大活動。想當年，新澤西的園遊會辦得非常壯觀，上百個攤位、幾千人參加，讓長島的華人羨慕不已！

長島文協早在一年前就想辦活動，只是大家都怕經費不夠。卓言當上會長後接手策畫，他對大家講了一句話：「如果錢不夠，由我補足！」於是大家放手去做，活動果真成功了，吸引了三千多人參加。

經過此次活動，卓言充分了解「眾志成城」的力量，做幹部的人鼓勵大家往前衝，自己要在後面撐住，告訴大家：「不要擔心，後面有人扛著！」做到讓大家無後顧之憂。

當時卓言真是拚了命尋求協助，正因為如此，有很多長島的好朋友一起成就這場盛會。最後，不但經費足夠、不用他掏腰包出錢，甚至打破紀錄，號召三千人共襄盛舉。

後來，卓言和筱培雙雙加入慈濟，在長島辦了慈濟人文學校，同樣是從無到有，一路堅持。人文學校舉辦「蠔灣賀新春」活動，也是模仿長島文協的做法。所以，進慈濟前學的東西，都成了之後的底氣，讓卓言可以充分發揮，而過去沒學到的，也在慈濟通通學會。

## 中年危機生煩惱，雲端取藥

對卓言而言，每次更換新跑道，就是另一個挑戰的開始。筱培的三姊磊培曾說：「卓言是一個定好目標就勇往直前，絕不會臨陣退縮的人！」雖然一般人對棄醫從商的決定不以為然，但是孫家姊妹始終都支持。

在公司，筱培是發號司令的老闆，卓言永遠默默承擔著難度高的工作，從財務、人事到法律等不勝枚舉。愈來愈多的工作，終於讓他喘不過氣來，思考著是否辭去醫師一職？

身旁的朋友都試圖勸阻，有人說「可惜」，能成為一位醫師，何等不易啊！更多的人懷疑他是不是頭殼壞了？居然放棄現有的醫師地位，要去創一個未知結果的事業。

筱培則是最贊成的一個，她一心想拓展自己的成衣王國，丈夫能全力幫忙是最好不過。過盡千帆後，如今的筱培終於了解，卓言所做的諸多犧牲，只為了成就她。她心中有說不盡的歉疚，衷心感恩生命中有他的呵護，有他的肩膀可以做永遠的依靠！

筱培說：「他給我很大的空間，做自己想做的事，從我畢業陪伴我找工作，教我寫自傳及履歷表，出社會如何應對進退，鼓勵我多讀書體驗人生，在慈濟路上結伴同修、去除貪瞋癡慢疑，是我一路行來的良師益友。」

從商後，卓言感覺東拼西湊的生意經，無法在商業殿堂立足，決定赴紐約市立大學進修商業高層管理碩士課程（Executive Master of Business Administration，簡稱 EMBA）。

卓言發現財務管理是一門有趣而實用的學問，繁複的課程刺激他更努力去學習及吸收商業知識，尤其人事法規方面有錯綜複雜的學問，值得再三思考、剖析及印證。從巴菲特的投資理論，得知成功的投資對公司獲利有很大幫助，他學會改變策略及財務分析的專業知識。

卓言最欣賞的投資人是巴菲特，他的投資理論「投資不是投機」，認為一個公司的價值，在於這個公司賺錢的能力；

一個經營良好的公司，必須是提供大家需要的商品。同時，公司有好的經理人才和管理制度，就有潛力和實力，值得投資，不須擔心這家公司的股票上上下下。

卓言曾經跟朋友們分享投資理論，簡單而言，世界上經商的人可以區分為兩種：一種是老闆，一種是老闆中的老闆。前者努力經營自己的事業，但只在乎自己的荷包；後者會關注股東（投資人）是否獲利，加上美國財務透明，要投資就得仔細研究，卓言決定要讓自己成為老闆中的老闆。

投資領域給予卓言一個非常大的空間，正好適合他追求探索的個性，他甚至和朋友們共同成立「快樂投資人聯誼會」，教導大家分析和投資之道。

1991 年，卓言終於向醫院提出「留職停薪」的申請。一旦下定決心，他便全心投入工作，細心規畫，加上筱培的專業能力和知識，成衣公司的業務，從代理擴張到進口，進而在世界各地設廠，成為製造商。只是沒想到，此去竟是一條「不歸路」，卓言從此告別了醫學界。

放棄十一年的醫師角色，專心從商，與其說是護妻心切，不如說是有心再創人生高峰；卓言認為自己是個願意不斷迎接挑戰，並且勇於嘗試新事物的人。

就像從事醫療得探討病理，在商場的競爭更是新奇無比。他的血液裏流著「面對挑戰」的基因，他想要征服不可預知的商場版圖，靠聰明的頭腦、冷靜的分析及十二萬分的努力，克服了商場上的種種凶險。

美國地大人稀，卓言及筱培的創業行動遇上好時機，公司迅速成長，家境轉為優渥，人世間追求的名利、財富，竟在很短的時間內都擁有了。

雖然事業屢創佳績，但忙碌的生活無法填滿他空虛的心靈。幾年下來，馬不停蹄的卓言，永遠在追趕堆積如山的工作、處理不完的業務，從早忙到晚，上了床卻睡不著，他常問自己這麼忙是為了什麼？是為名？為利？為權？一眨眼工夫人生已過半百，再一眨眼就度過一生！到時候名、利、權又有何意義呢？人生的意義在哪裏？自己到底要的是什麼？後半生難道就渾渾噩噩這麼過嗎？「中年危機」的症狀悄悄來襲，他感覺自己好像病了……

卓言最初只是感覺很悶，有的時候想躲在自己的世界裏不出來，有的時候又很想衝，想掙脫當時一成不變的生活，怕有些事再不做就永遠來不及了。

雖然他表面上雲淡風輕，其實身心正處在不調的風暴中，面對著工作的壓力、家庭的付託、疲勞奔波，勞心又勞力，加上人生失去了目標，讓年僅四十歲的卓言提早面對「中年危機」的困境。

大家看到的他，是一個「做什麼像什麼」的天之驕子，根本無法想像他內心的煎熬與痛苦！

年輕時代的卓言，求學路上一帆風順，集鬥志與聰明才智於一身，不知「煩惱」為何物！遇到挑戰，面對挑戰，設立目標，努力奮鬥達到目標，再設立新目標，再達到目標，因達到目標而喜悅……可是，當這些目標因為「人總有一天會死亡」的想法，而變得沒有意義，剎那間人生失去方向，日常生活恍若行屍走肉。

過去在醫院值班，作息不正常，經常熬夜，卓言慢慢感到自己無法適應，種種的心理困擾導致失眠和抑鬱。他嚴肅地重新思考人生的價值，對自己的生活滿意度失望，繼而發現醫療工作的發展空間到了瓶頸，於是失眠的問題更加嚴重。

身為醫師，卓言知道自己必須要在最短時間內得到改善，調整人生方向，如此才能克服難關。

原本以為從醫師換跑道變成企業家，可以用忙碌的交易人聲，麻痺自己的空虛及無力感，然而改行卻絲毫未曾改善卓言的「危機症狀」，一根蠟燭兩頭燒，日漸不堪負荷。

直到雲端邂逅慈濟人的飛行旅程，才引領他走向慈濟世界，菩薩給了他一顆解除「中年危機」症狀的靈丹妙藥。

# 3.

# 放下萬緣 喜捨付出

## 1994 認識慈濟

當葛卓言遇見黃思賢(慈濟全球志工總督導),好似找到了知音,尤其黃思賢對「捨得與放下」的詮釋,讓他豁然開朗,似乎找到「中年危機」的解藥。

## 慈濟新人愛發問，志工怕怕

1994年，卓言因公事從紐約返臺，他利用長途飛行的機會，閱讀《金剛經》，沈澱心情。機上的旅客大多已入夢，他卻絲毫沒有睡意。這時，突然看到鄰座女士忙著填寫資料，專注認真的神情，引發他的好奇心，忍不住請問人家在做什麼？

對方介紹自己是慈濟委員李秋香，正在一筆筆謄寫會員們的捐款資料。「花蓮有一位師父很慈悲，不忍見落後的東部缺乏醫療設施，發願蓋醫院救人……」

李秋香說起慈濟，滿面歡喜、滔滔不絕；談到做志工的事，眼睛就放出光芒。她說，志工們幫半身不遂的病人洗澡，稱為「浴佛」；在醫院走動服務，叫做「繞佛」。在醫院，難免會碰觸穢物，她不但不感到害怕，還認為是神聖的付出。

卓言偷偷在心裏想：「做沒有薪水的工作還這麼開心，我的員工拿薪水都沒這麼認真！」聽著聽著，他覺得不可思議，也感動不已，情不自禁地將身上的八百多美元都捐了出來，只留十美元在身上備用。

收下捐款，李秋香拿出記事本要卓言留下姓名、地址，以便寄送收據。卓言推說不用，但她堅持慈濟人要遵守「誠正信實」，他便信手塗寫，隨便交差了事。

這段巧遇，沒多久就被卓言拋到九霄雲外。事隔一年，筱培受邀參加紐約長島慈濟人舉辦的茶會，卓言陪她一同赴約，似曾相識的「慈濟」二字，讓他想起一年前的雲端邂逅，李秋香曾為他介紹慈濟的種種，並贈他一本《慈濟月刊》，拜讀後非常受益。

當日茶會，大家聚在一起天南地北地閒聊，有人分享婚姻問題，有人談到婆媳關係。他覺得奇怪，既然是佛教團體，談論的話題應該是佛學理論，怎麼都在說家庭問題？這是卓言的第一個疑問。

此後，只要有機會參加茶會，卓言都會提出不同問題，譬如志工為何要穿制服？慈濟為何要制訂種種規矩？他的論點與眾不同，常讓人難以招架；因此，一聽到他要參加茶會，大家都如臨大敵，把他視為「問題學生」。

儘管問題多多，但參加慈濟活動，讓卓言和筱培有一種平靜美好的感受，因此只要有活動邀約，他們通常不會拒絕，並且對學習手語及《慈濟歌》有高度興趣。說是陪妻子筱培學手語，其實卓言大多只是協助搬桌椅。然而，當他聽到柔美的音樂，總會忍不住躲在幕後偷偷打量志工們曼妙的十指動作，雙手也不由自主地跟著動了起來……

卓言就是這樣，對每一件事情都充滿好奇，感興趣的事就一定要找到答案。活動中，他遇見了曾經從事成衣貿易工作的黃思賢（慈濟全球志工總督導），彷彿找到了知音，尤其，黃思賢對「捨得與放下」的詮釋，讓他豁然開朗，似乎找到「中年危機」的解藥。

他漸漸了解慈濟團體是將佛法落實在生活中，不空談道理，而是從行動中實踐佛法；真正投入後，他感到非常受用，糾結在心中的種種問題，也一一迎刃而解。

1995 年，未曾見過證嚴法師的卓言和筱培決定皈依，法師透過黃思賢分別給予兩人法號「濟捨」與「慈喜」；他們開彼此玩笑解讀說，一定是卓言「不夠捨得」，筱培也「不夠歡喜」，所以法師鞭策他們要發大心、立大願，多為人間苦難付出。

1996年，慈喜回到花蓮靜思精舍尋根，所見所聞皆是感動，因此發願表示：「倘若有一天，長島有了慈濟會所，我願請購三尊琉璃佛像，莊嚴會所，供大眾頂禮。」

在人力缺乏的情況下，推動海外慈濟志業，需要有心有力的人來加入。得知慈喜的發心，又見濟捨頗具領導風範，郭碧蓮決定推舉他們夫婦接任長島負責人一職，並承諾擔任他們的後盾。

郭碧蓮是長島聯絡處第一任負責人，成立幾個月就舉辦全美第一場愛心宴，號召七百多人共襄盛舉。在那個手機及電子郵件尚未普及的年代，她運用自己住家舉辦茶會，一一打電話親自邀約，雖是土法煉鋼，但兩年任期內，感動了不少人加入慈濟行列。

起初，濟捨並無意願接任負責人，他明白身在海外，要推動濟貧教富的工作，其實不太容易，除了對慈濟要深入了解，更要具備熱誠和愛心，才能扛起這個重擔。眾所皆知，長島的慈濟志工，以事業有成的女強人、大戶人家的少奶奶居多，其中有六位祖籍湖南（包括慈喜），號稱大小辣椒的湖南師姊，雖然個個都熱心公益，卻不是那麼容易接受指揮。

然而，因為濟捨說話斯文有條理，不像這群「娘子軍」往往衝口而出，容易傷人、得罪人或發生口角是非；每當討論會務，濟捨總是禮讓大家先表達意見，使人人有機會參與，方針底定後，才會做總結。因此，大家都贊成由他出任長島負責人一職。

濟捨卻說，當年他考慮的是，如果要在他和妻子之間，選擇一人出來承擔，他認為自己比慈喜更合適。他了解妻子的個性，怕她生硬的處事態度，要求完美和效率的心態，把職場上的強勢放在志工團體中，肯定會出問題的。如果慈喜因此而受傷，濟捨也不能免除痛苦，於是決定挺身而出。

## 天之嬌子赴災區，賑出心得

1997 年，濟捨在慈喜的鼓勵下接棒。原本，他們是一邊忙事業，一邊做「快樂志工（有空才參加）」；承擔責任後，濟捨想：「生活夠吃夠用就好了，錢永遠賺不完！」稍作商量後，兩人即決定放下事業，專心投入志業，願在有生之年，分擔如來家業。

初挑大梁的濟捨曾經以為，負責人就是舉辦聚會活動的召集人，例如號召募款、老人院訪視、熱食發放之類的活動；他曾經擔任長島文協會長，辦過大型活動，自認得心應手。

慈喜率先感受到濟捨的改變，她發現他的領導潛能被開發了，承擔事務的毅力也增強了，待人接物更能耐心耐煩。然而，已提早退休、全職做志工的濟捨，為了興趣，仍利用時間研究股票投資。

慈喜看在眼裏、急在心裏：「你這樣不行啦！心思都放在別處，要加油、更努力用心投入才行啦！」

接任負責人後，濟捨只是延續「辦活動」的傳統，慈喜老是對他耳提面命：「做慈濟不能這樣，若要真正體會，一定要回臺灣隨師，深入了解上人的期許。」濟捨雖不以為然，但仍答應回去看看！

這時的慈濟已在美國成立八年，組織尚未健全，濟捨曾在心裏打過一個問號：「像我這種連花蓮都沒去過的人，居然能被委以重任？慈濟如何知道我能勝任？」濟捨很好奇，證嚴法師到底是怎樣的一個人？究竟有什麼能耐，能讓大家對他如此信服和尊重？

未去花蓮之前，濟捨只聽過證嚴法師開示的錄音帶、讀過法師的著作。回到臺灣拜見法師時，適逢歲末祝福活動開始，他有幸隨師行腳至臺灣各地會所，親眼見證仁者的風範。

「隨師行」期間，濟捨注意到法師在不同場合接見不同客人，休息時間相當有限，卻能隨時隨地保持清明睿智；而且無論面對任何對象、任何問題，法師都可將智慧法語信手拈來，即時為人傳道解惑，讓來訪者瞬間釋疑、法喜賦歸，就連旁聽的人也受益無窮。

《靜思語》是法師的智慧法語，也是日常生活中萃取出來的開悟結晶。濟捨第一次讀《靜思語》，覺得連小學生也能看明白，沒有什麼了不起的學問；當他有機會近距離聽聞法師與會眾的智慧對答後，才茅塞頓開。

原來，世俗中有很多問題是介於模稜兩可之間，置身其中的人無不當局者迷，可是，法師三言兩語開解，直觸重心，就讓求教的人歡喜受用，微笑離去。

濟捨反覆思考法師回覆會眾的話，其實都在《靜思語》這本書裏面，《靜思語》的智慧不在於看懂，而是內心真實的印證。許多人雖然看得懂《靜思語》，但是遇到境界卻做不到。

「隨師行」教導濟捨不僅要讀《靜思語》，還要身體力行。他看到法師做事完全以身作則，苦口婆心，循循善誘，勸導弟子們要當一個慈悲喜捨、以善以戒立命的人。

以前做志工，濟捨抱著「沾醬油」的心理，覺得有空就做，沒空就算了；隨師後才明白做志工要發心立願，不是隨性而為。後來，他重新閱讀《靜思語》，又有一番不同的領悟和境界。

為求在慈濟世界快速成長，濟捨誠心請教黃思賢：「我當過醫院的主管，也擔任過社團的負責人，卻沒擔任過志工團體的負責人，可以教我勝任的妙招嗎？」沒想到黃思賢的回應竟是：「去賑災。」

濟捨感到不解，長島志工人數不多，一切會務正在策畫進行，哪有時間抽身參加賑災？黃思賢告訴他：「沒關係，這些事讓其他志工來做就好，你去賑災。」儘管濟捨想不通賑災和做負責人有何關連，但仍是接受建議，匆匆踏上前往貴州的旅程。

1998 年初，濟捨自費兩千兩百美元買機票，從美國飛到香港與臺灣志工會合，一起搭機前往中國昆明，再換上吉普車前往貴州山區，前後行程達三十六個小時之久。

一路舟車勞頓，吃不好又睡不飽，但濟捨的心情卻是充滿期待的，因為他要去找尋做好負責人的答案。

志工團隊跟著隊長羅明憲一路奔馳，在黃土飛揚的山區與塵土爭路，滿面塵垢、滿嘴風沙，卻依然排成兩路縱隊前進，不管走到哪裏都謹守秩序。到了當地旅館，大家放好行李，未及梳洗，就投入各項準備工作。

隔天凌晨四點，天未亮就得起床，備妥物資前往發放地點。為尊重鄉親，志工一律站立發放，以九十度鞠躬獻上發放的物資，八個小時下來，濟捨的兩條腿痠麻脹痛，疲累不堪。

他在心裏盼望：「發放結束後，應該可以上床睡覺了吧！」

沒想到經過翻山越嶺的路程，好不容易回到住宿的地方，卻聽到領隊羅明憲一聲令下：「盥洗後集合，請大家分享賑災心得。」這個命令讓濟捨傻了眼，暗暗吃驚：「難道大家都不會累嗎？」

貧困山鄉食宿無不克難，三十幾個人擠在小小空間進行分享討論，濟捨找到一處角落坐下來，不出幾分鐘，倦意便鋪天蓋地而來，眼皮愈來愈沈重了……

突然，耳邊傳來有人邊哭邊說話的聲音，濟捨勉力撐起眼皮，認定有人感受到貴州的窮山惡水，同情鄉親所以哭了。他豎起耳朵，認真聽那位師姊哭著說：「我很感恩有機會來到這裏，我獲得的比付出的還要多。」

濟捨忍不住自問：「是不是我聽錯了？來這裏遭罪還要感恩？」精明能幹的他，覺得自己付出的可不少，花了機票錢又長途跋涉，忙上忙下弄得全身痠痛，算一算：「應該是付出比獲得的多吧？」

對於慈濟人「付出無所求」反而說「感恩」的思維，初入慈濟的他尚無法理解。在貴州發放的第二個夜晚，他居然半夜驚醒睡不著，在黑暗中扳著手指算了又算，為什麼別人認為獲得的比付出的多，而自己卻不作此想呢？

輾轉難眠想不透之時，屋外的公雞拉起響亮的啼聲：「咕咕咕！」天亮了！那一瞬間他想通了，貴州居民的苦，是因為他們出生在困苦的地方，如果自己出生在貴州，生命的過程應該也是一樣貧苦悲哀。

彼此命運不同皆因出身環境所致，他有幸出生在臺灣，接受良好教育，然後又移民美國，當了醫師又改行創業開成衣廠，從來都不用為生活發愁，而大多數的貴州鄉親卻終其一生也擺脫不了貧瘠的土地。

原來，黃思賢要他去參加賑災，就是要他見到別人的苦，體會出自己過去沒發現的「幸福」。

曾經的不快樂和煩憂，經過隨師行及貴州賑災的洗禮，濟捨知道通通可以放下了，既然自己是有福的人，就應該發願去幫助貧困的人。學生時期萌生的「濟世救人」種子，終於在慈濟世界開花結果。「大愛」這一顆無形的靈丹，解決了困擾他七年之久的「中年危機」。

1998 年 3 月 22 日，葛濟捨至中國大陸貴州省盤縣勘察醫療環境，與當地衛生人員討論常見疾病與傳染病。（攝影／黃文玲）

回到美國後，濟捨在生活中開始大改變，看到貴州人民的窮苦艱困和惜水如金，他也捨不得讓自來水嘩啦啦地流，不再因為擁有就恣意揮霍。

富貴學道難，放下身段更非易事。1998 年 9 月，濟捨被徵召前往多明尼加，因為四級喬治颶風侵襲加勒比海島國，造成六百多人死亡、三十萬人無家可歸、上千人失蹤的慘劇。兩度勘災之時，濟捨發現波羅市跟拉羅馬那狀況悲慘，看到小孩子跟著大人去垃圾山裏翻找食物，令人望之心酸不已！

1999 年，濟捨又前往哥倫比亞勘災，借住在一個簡陋的小民宅，同行的師姊們睡臥室，師兄們被分配到客廳睡地板。

清晨又發生餘震，濟捨一時睡不著，忍不住在心裏犯嘀咕，放著家中的「席夢思」好床不睡，跑到這種鬼地方受苦受難，大批人馬擠在客廳睡地板，到底是為了什麼？

這個問題一直等到後來，因為賑災而睡過無數次客廳地板的濟捨，終於得到答案，做慈濟要真正用生命和歡喜心去做，不但要放下身段，還要用「甘願做，歡喜受」的心情為苦難眾生付出，才能達到無我的境界。

## 初生之犢不怕虎，擘畫未來

從臺灣移民到美國，濟捨夫妻希望下一代能學習中文，不要忘了自己的母語。所以當他們在紐約長島定居後，慈喜積極投入中文學校的教育行政，後來又邀濟捨加入，成為董事。

承擔負責人一職後，濟捨及慈喜經常在長島家中辦茶會、讀書會、手語班及《靜思語》讀書會等課程，廣招大眾參與。為了成就濟捨，慈喜開始洗手做羹餚，學習素食料理，為前來參與活動的人，準備一餐可口的午齋。

濟捨了解慈濟在教育方面非常用心，心想如果能在當地設立慈濟人文學校，應該可以接引很多家長認識慈濟。

美國的中小學，課程、資金、教學等各項政策，都由當地選舉產生的學區委員會決定。郭碧蓮尋尋覓覓校舍一年多，一無所獲。濟捨想起了學區委員林雲傑，他曾經參加林雲傑在紐約華僑文教中心的說明會，並捐款支持他的理想和抱負。於是，趕緊尋求林雲傑的協助，終於租用到公立學校教室，可以利用星期六上課。

1998 年，長島慈濟人文學校展開招生，需要十一個學生湊足開班名額，郭碧蓮到處「物色」小朋友。

有一天，郭碧蓮的兒子去公園玩，遇到社區新搬來的小朋友，得知他有兩個手足，立刻跑回家跟母親報告：「他們家有三個孩子，您趕快去找他父親，請他們來報名人文學校。」

郭碧蓮連忙讓兒子回公園要電話，邀請對方家長參加招生說明會，沒想到這位家長幫三個小孩全報名，讓志工高興得合不攏嘴。三位小朋友的母親當時在臺灣，回美後立即偕同先生參與人文學校的愛心爸媽行列，並協助部分行政工作，夫妻倆雙雙投入慈濟。

經過團隊的努力，報名的小朋友愈來愈多，總共招收了一百二十名學生，如今人文學校的學生已近五百人，是全美最大的慈濟人文學校。

當中國年來臨，濟捨就在位於長島蠔灣的慈濟人文學校舉辦「蠔灣賀新春」園遊會，向會眾介紹中華文化、靜思流通文物及義賣自製食品等，並廣邀會員及親朋好友幫忙，結果當日來了三千多位會眾。

《世界日報》記者專程前來採訪，並讚揚長島慈濟的展示攤位五彩繽紛、引人入勝，記者說：「紐約其他地方也辦過類似活動，但這在長島是第一次。」此一活動為新春園遊會奠定了基礎，已成為現今的年度盛事。

濟捨非常感恩長島的志工群，因為這是人人努力不懈、合和互協的成果。而當年意外接引三個學生的家長，就是擔任過好幾任慈濟紐約分會執行長的張濟舵，如今在慈濟（臺灣本會）慈善基金會擔任副執行長。

1999年，長島聯絡處晉升為長島支會。那一年，臺灣發生九二一地震，美國總會決定舉辦大型募款活動，全美志工從各地飛到洛杉磯參與。時任長島支會負責人的濟捨受邀演講，以〈美國慈濟的未來方向〉為題，希望有助慈濟會務在美國的推動。

他提出的三大方向——本土化、國際化、慈濟化，其中以「本土化」為第一優先，希望有計畫地接引美國當地人成為慈濟人。

「美國是世界的重要舞臺，我們有責任把慈濟推向國際，未來的會務推動要朝美國本土化努力。過去，接引的志工以華人居多，慈濟要在當地深耕，就必須不分族裔都接引。」

他在演講中感恩早年黃思遠和李靜念、矽谷阿嬤（林王秀琴）、蔡慈璽及華府的鄭李實先等資深慈濟人，將慈濟種子撒播在美國各地，若沒有他們，也無後續發展；感恩黃思賢以熱誠和使命感，與南加州的慈濟人在全美不斷地分享，讓美國慈濟在「第一個十年」間，分支會、聯絡處如雨後春筍紛紛成立，奠下重要基礎。

此外，他也提出了慈濟在美國的隱憂所在，由於各地支會紛紛升格為分會，並設有一位執行長負責當地會務的推動，但是沒有一個統籌的窗口，遂向黃思賢提出成立「志業管理中心」的構想。

黃思賢見他如此熱誠，提出的論述也很有道理，希望這些意見能讓更多人知道，因此邀請他一同回臺灣參加「執行長聯誼會」。擅於管理分析的濟捨，認為一件事務若沒有審核就執行，會造成事情的延宕，幾番討論後，大家都覺得設立「志業行政管理中心」勢在必行。

## 紅塵轉入菩薩道，勇於承擔

當年，長島支會還沒有會所，拜經活動在郭碧蓮的家進行，志工會議則在濟捨家舉行。之後，志工與會務與日俱增，住家逐漸不敷使用，濟捨也覺得家庭式經營不是長久之計，經由大家的努力，1998 年終於在紐約大頸區租了一個一千多平方英呎的辦公室作為會所，從此會務更加蓬勃發展。

由於濟捨四十六歲就提早退休，有充分時間及充沛精力全心做志工，所以常被花蓮本會徵召去中南美勘災、賑災，或參加加拿大志工研討會等。為求更了解慈濟，濟捨經常返臺隨師。

法師常對弟子說：「對內要用心，對外要細心。」當濟捨接掌長島負責人時，法師曾對他說：「我希望你要帶好所有志工，並且照顧好他們的心。」因此，濟捨經常提醒自己，萬一在道場遇到德行有虧或者調皮搗蛋的人，他必須加倍謙卑對待，只要他們是法師的弟子，他就不能背離法師的慈心悲願。

有一次隨師去臺中分會，法師請他上臺分享慈濟因緣。

濟捨說起在飛機上認識慈濟委員的往事，那時沒有聽說過慈濟，捐款給慈濟委員卻沒有留下通訊地址，只知道那位委員是去紐約參加教師聯誼會活動，並不知道她的姓名。

無巧不成書，臺下聆聽者就有李秋香的朋友，曾聽過她談起飛機上的一筆捐款，印象非常深刻，回家後便趕緊將此事相告。

擱在抽屜七年多的收據主人終於出現了，李秋香好是興奮。隔天晚上，她帶著當年保存的捐款收據及感恩卡，來到慈濟臺中分會民權會所與濟捨相見歡時，才知道他已經是美國總會的副執行長了。

「每個人都有自己無始劫的因緣，一九九四年在飛機上與葛師兄相遇，一定是過去生有跟他結過善緣。」李秋香回憶道，「當因緣福德聚足時，我跟葛師兄介紹慈濟，他才會感動得將身上的美金都掏出來，自己只留十美元，而且不肯留下姓名和地址。」

聽聞兩人的這段善緣，法師也點點頭肯定地表示：「這一

濟捨師兄：

感恩七年前飛機上種下一粒「慈濟善種」加上您週邊的好緣，成就一位「慈濟大菩薩」知道您成為美國總會副執行長、與有您為榮，盼生生世世我們均能追隨上人、成為慈濟菩薩道侶，以「但願眾生得離苦不為自己求安樂」共勉之——

末學 秋香合十
2001.3.3

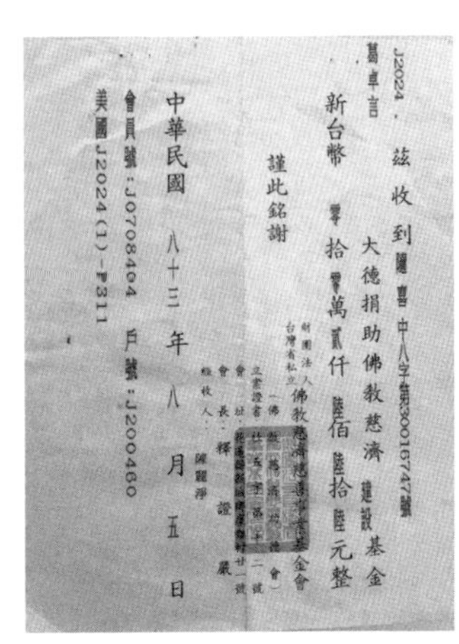
J2024，
葛卓言
茲收到 大德捐助佛教慈濟建設基金
新台幣 拾 萬貳仟 佰 拾 元整
謹此銘謝
財團法人 台灣省私立 佛教慈濟慈善事業基金會
會長：釋證嚴
經收人：
中華民國 八十三 年 八 月 五 日
會員號：J07084?4 戶號：J2000460
美國 J2024(1)-P311

1994 年，葛濟捨在飛機上結識慈濟委員李秋香，捐款未留住址，七年後終於收到這張誠正信實的收據和感恩卡片。

粒善種籽就如同『因劾果海』，『一』能生『無量』，將來會果實累累。」

不久，美國慈濟志業行政管理中心成立，慈喜正好回到花蓮，證嚴法師問她：「師父把濟捨調到這邊又調到那邊，你心裏會不會掛礙？」慈喜回答：「這是積福行善的機會，又能與眾生結好緣，很感恩師父給我們這些布施的福緣。」

又有一次，慈喜在美國接到花蓮本會打來的電話，得知法師有意將濟捨調往加州，希望她能成就。慈喜原本稍有猶豫，因為她的家人都在紐約，怎能說放下就放下呢？還有，長島支會和慈濟人文學校怎麼辦？負責人一職要交給誰？

她不願違背師命，也不放心讓濟捨隻身前往加州，於是決定雙雙放下萬緣，連袂領命而去。事後證明，早先的掛慮純屬多餘，長島接班人楊輝華把志業及校務都運作得蒸蒸日上。

2001 年 1 月，濟捨舉家遷往南加州洛杉磯，暫時寄住旅館四個月。許多朋友和志工熱心帶他們到處看房子，終於相中一處新開發的社區。沒想到三年後，美國總會決定東遷，搬到東洛地區的聖迪瑪斯園區，他們匆忙購置的家，就在總會園區鄰近社區。

5月，美國分會升格為美國總會，負責統籌全美所有分支會聯絡處的慈濟會務。7月，洛杉磯成立美國總會志業管理中心，原居住在北加州的曹惟宗前往出任美國總會執行長，葛濟捨及蔡慈璽分別擔任副執行長，濟捨負責落實行政、法律、財務等工作，以及推動全美人醫會。

相較於全美各分會執行長，濟捨資淺許多，雖然法師放心讓他出馬擔當重任，但如何做好分內事、如何拿捏分寸，在在皆是考驗。

「上人讓我擔任副執行長那個晚上，我睡不著覺。我並不擔心面對挑戰，而是想到在還沒有建立愛的存款前，如何去凝聚大家的力量？又如何去推動總會的工作？」濟捨說出他當時的煩惱。

法師慈示他：「對內要細心、對外要簡單，用愛把大家的心凝聚起來。」

「對內要細心，我能夠了解；但對外要簡單，我就不太能夠了解。」濟捨說：「繁複的人事，怎麼能夠簡單？我反覆想了一個晚上，到清晨四點才入睡。」

「後來我想，如果我太在乎到一個陌生的環境裏，會有很多人注意我的一舉一動，就會產生一些煩惱心。這才體會出上人說『對外簡單』，其實就是以一顆真誠、單純的心，去面對人事物。」濟捨很堅定地說：「對外簡單，不正是『菩薩道直故』嗎？」

「『用愛把大家的心凝聚起來』，其實也是慈濟最重要的內涵。愛不是用嘴巴講的，而是要用行動去表示。所以我經常提醒自己，要讓周圍的人感覺到我的真誠和關心。」

濟捨誠懇地表示：「無論推動任何事，我一定會對整件事作充分說明，讓大家感覺到我的真誠。從接下這個工作後，我一直都本著這個原則去做。」

濟捨的工作需要跟許多人互動，很多的細節都必須有人承擔、追蹤及執行，慈喜便自動補位，權當他的左右手；遵照法師的吩咐，在背後協助濟捨完成一些瑣碎卻重要的任務。

為了把事情做的更好，慈喜開始學習電腦應用，隨著組織架構調整，身兼多職也不覺辛苦，反而因為投入，而學會很多事，更重要的是學到慈悲喜捨及「為佛教，為眾生」的精神。

## 道場境界多考驗，上人解圍

總會志業管理中心成立後，開始推動「萬年立法」系列計畫。這時，濟捨發現善心大德捐贈的股票不少，卻一直擺放著不賣，因此在開會時建議成立「投資管理委員會」，推舉四至五位志工專職管理，設立財務長，並請會計師來審核財務報表，設立投資管理規範。

投資管理委員會建立後，2002 年開始實行，凡是一年內用不到的善款，就仿效美國主流慈善單位的作法，做為儲備基金，放在定存或保守型投資項目務求「保值」。

由於股票及債券的風險很大，有時會大起大落，所以規定財務人員必須於收到捐贈股票的三天內變賣，轉換成保值型共同基金，並嚴格規定比率成分，以最保守的方式，讓儲備基金得以保值。

財務管理是濟捨的專業之一，深思熟慮後，他決定將其中的 60% 放在債券基金，40% 放在大型公司的股票基金，而且只持有「共同基金」，不持有個股，由專業基金管理人管理。對於投資管理的內容，每一季由專業經理人報告表現成果，一年兩次向證嚴法師及董事會議報告說明。

根據統計，投資管理委員會運作從 2002 年至 2012 年，只有 2008 年遭遇金融海嘯，股市受波及而蒙受損失，十年來都呈穩定成長，每年平均成長 5.5%，達到「保值」的目標。此後，因無多餘善款需做「保值」運作，美國慈濟不再擁有股票。

2002 年 2 月 1 日，濟捨接任美國慈濟義診中心執行長。當時義診中心成立已十年，每年約服務一萬多人次病患，後來又添購牙科醫療巡迴車，擴大義診中心的功能，嘉惠更偏遠的貧苦病人。

醫療巡迴車所做的義診，當時也到了飽和狀態。濟捨於是進一步深思：怎樣才可以做得更深入？他想到佛瑞斯諾（Fresno, CA）的醫療團隊，當地的地理環境適合發展大愛醫療車。

美國糧倉之一加州中谷區是加州的穀倉，香甜的甘蔗、金黃的葡萄，隨風飄搖的玉蜀黍，粒粒來自辛勤耕種的一張張晒黑的面孔及一雙雙粗糙的手，這些起早摸黑的農工大多來自低收入或新移民家庭，有些甚至沒有居留身分，很多時候，他們的勞動並沒有獲得相對的回報。

貧困農工投入農場工作，微薄的收入難以養家餬口，在捉襟見肘的無奈下，很多人選擇不買保險或是買便宜保險，一旦厄運來襲，農工家庭毫無招架之力，加上語言隔閡、文化差異及缺乏交通工具，處境更是雪上加霜。

慈濟佛瑞斯諾聯絡處有鑑於農工的工作環境及生活條件，特別專注在醫療服務項目，避免農工及家庭成員因缺乏醫療照顧而陷入貧病交迫的困境，2001 年，佛瑞斯諾聯絡處展開了第一場社區義診。

逐農場而居的農工，隨著農作物的耕種需要而遷徙，即便慈濟有心為他們開辦診所，也趕不上農工搬家的速度；於是，有輪子的大愛車應運而生，當農工頻頻奔赴不同方向的農場，慈濟大愛車便啟動車輪跟在後面，及時為農工提供醫療服務。

至 2022 年 12 月 2 日，佛瑞斯諾人醫會已進行了 1,225 場義診。慈濟眼科義診服務嘉惠佛瑞斯諾十八個學區，70% 的學校都在義診計畫範圍之內。

美國慈濟醫療基金會副執行長溫俊強投入佛瑞斯諾義診工作二十年，他說起「古時候」的故事：「早年辦義診，要開車去南加州『借』牙科器材，前往借器材來回一趟要八個小時，還器材又是八個小時。隨著義診場次愈來愈多，2005 年收到第一筆捐款後，即購買了三套牙科器材和工具；接著，2008 年又獲捐第一輛大愛醫療車，義診隊伍也跟著浩蕩長，如今已有四部大愛車投入佛瑞斯諾的義診行列。」

截至 2022 年 1 月為止，全美共有十部大愛醫療車，分別是南加州（南愛滿地）三部、中加州（佛瑞斯諾）四部、北加州（聖荷西）一部、紐約兩部，未來第十一部車將進駐內華達州拉斯維加斯，從美國西岸到東岸，照顧貧苦眾生。

除了大愛醫療車之外，濟捨又想到，慈濟或許可以在一些定點設立衛星式的醫療站，以做長遠的服務。為此，慈喜陪著他馬不停蹄奔赴德州、北加州、芝加哥、紐約、新澤西等各分會演講，鼓舞全美各地醫師們參與人醫會，在社區推動醫療志業、舉辦義診。

為了將這群有愛心的醫護人員組織起來，濟捨成立了人力資源資料庫，並積極幫各地建立人醫會，短短一年間就在全美設立了二十二個人醫會，讓醫療志業在美國地區有了不同凡響的發展。

有人看到濟捨努力為人醫會的醫護志工催生、增產，不禁打趣地說，他似乎改行當起「婦產科」醫師了！

## 口罩搭機回臺灣，防 SARS

2003 年 4 月，臺北市立和平醫院因 SARS 疫情而封院，此後臺灣 SARS 病例與日暴增，當時全球病人超過六千五百例，有疫情的國家和地區高達三十個，人人聞 SARS 色變。

N95 口罩是美國指定肺結核病菌防疫的口罩，也是當時唯一可以預防感染 SARS 的救星。當年，美國總會執行長曹惟宗聽聞拉斯維加斯志工李坤華已成功取得購買途徑，雙方經電話溝通取得共識，一起合作採購，並指定時任醫療基金會執行長的濟捨為慈濟窗口。

賣家為了公平起見，規定每人限購數量，建議慈濟人發動朋友訂購，經由志工們愛的接力，成功採買超過二十萬個 N95 口罩運回臺灣。

原本一個 N95 口罩只要價美金十六分，因疫情加重，一時供不應求，廠家只好以「限量購買」的方式發售，售價一路飆漲到接近美金五元，最後有錢也訂不到了。

濟捨負責統籌採購及運輸，並聯絡中華航空公司及新加坡航空公司免費運送。在 SARS 疫情得到控制前，不在疫區的美國志工負起採購 N95 口罩的任務，及時守護了臺灣人的健康。

當時，拉斯維加斯才剛成立慈濟聯絡點不久，志業推廣的行動仍在學步階段，濟捨經由採購口罩的行動，看出拉斯維加斯華人的善良及團結，因此全力支持當地的志工培訓課程。

濟捨與幾位總會志工發心護持，每月一次搭乘巴士到賭城舉辦「精進日」，許多人就是受他感召而加入慈濟。

他分享潘明水在南非做慈濟的故事，激勵賭城志工走向國際賑災、加入地方義診行列。有人因此遠程飛去南非、斯里蘭卡、薩爾瓦多、尼加拉瓜、墨西哥，有人就近參與南加大火、紐奧良風災等義診，賭城的人文真善美團隊也應運而生，在國際賑災及全美急難救助行動中，發揮即時報導的功能。

2023 年 2 月 12 日，拉斯維加斯聯絡處將慶祝成立滿二十周年，濟捨全程陪伴、功不可沒。

## 為志業接引人才，求賢若渴

執掌慈濟要職後，濟捨益發覺得人才培養是首要之務，雖然有人願意承擔幹部工作，但若是擺錯位置，反而會製造更多問題。處理人事紛擾的過程中，濟捨深刻體會到，做慈濟同時是在修行。

他最喜歡剛進慈濟的志工提出問題，因為，問題愈多表示對慈濟愈有興趣。他會不厭其煩地向新志工解說，分享親身經歷，陪伴參與，鼓勵分享，讓感動有加乘效果。

他舉志工葛濟覺為例，當發現濟覺對國際賑災感興趣，又有時間跟著賑災團隊四處跑，於是讓他承擔國際賑災的部分工作，安排他走向國際旅途。「有心培養人才，也要人家願意被培養。」濟捨幽默承認：「我自己就是慈喜的傑作。」

葛濟覺的國際賑災路已走過十八個國家，感人的故事多不勝數，讓他印象最深刻的其中之一，是2016年厄瓜多大地震。

五十天內，在五個重災區舉辦三十四場以工代賑，提供超過三萬個名額，並在「竹筒歲月」的故事帶動下，鼓勵鄉親將銅板投入竹筒，這分愛心從一分又一分累積到超過 2,300 美元，「受助者」鄉親變身為「付出者」，重拾了自信與尊嚴。

從 2007 年，葛濟覺開始參加國際賑災至今十五年，單是厄瓜多已去了十九次，自 2016 年地震、2017 年水災以來，厄瓜多受災鄉親跳脫不了絕望的宿命，直到慈濟人到來，幫他們重建天主教教堂，一路陪伴他們走過風風雨雨。

然而，人才可遇不可求，帶人的過程並非個個都順遂。沒有一個幹部可以做到讓人人都服從，管理是一門學問，遇到反彈要如何自處？內心要如何調適？身為領導人，濟捨認定一個原則：「絕不在人前說負面的或喪志的話，也不在人後說批評或難聽的話。任何人對我有意見，我都會私下跟他誠懇溝通，取得對方的共識和諒解。」

濟捨認為布施是愛人，持戒是自愛，這是一體兩面的關係。而忍辱是承續布施、持戒的餘勢，是上天恩賜的考驗，因為布施會造成人家懷疑其動機，而持戒是否能守住身、口、意，那就要看忍辱功夫的具體表現。

精進則是不斷往前走，付出無所求。禪定，是對人我是非以及忍辱的意念放下，達到內心深處的平靜。智慧，就是證嚴法師說的斷煩惱。他深深佩服法師的教示，誰能夠沒有煩惱？有忍的心念存在，那就表示還有煩惱。

法師對於智慧還有更微妙的解釋，那就是「運心轉境」，一個人非但不能被環境所改變，還要把環境倒轉過來；正如白雲禪師所謂「若能轉物即如來，春暖山花處處開，自有一雙窮相手，不曾容易舞三臺。」

法師也說：「做為一個負責人，不是做好事情而已，還要把大家的心都照顧好，在自愛愛人的前提下，帶領大家朝著光明的方向前進。」所以說做負責人、做幹部，是一個斷煩惱的過程，六度波羅蜜對濟捨而言，是一生的大功課。

2005年，卡崔娜颶風幾乎吹垮了美國經濟，各地志工輾轉前往各災難區義診、發放及提供協助，讓美國慈濟在急難救助行動上建立了新的里程碑。大家終於體悟到，救災不是在災難來臨時才去救災，而是在災難未發生前就要原地待命、做好準備。

2006年，執行長曹惟宗因病卸任，濟捨暫代半年職務後，正式接掌執行長一職，面臨更多挑戰。

這年是慈濟創立屆滿四十周年，年底，證嚴法師向全球慈濟人布達「慈濟宗門」已樹立。濟捨深受啟示，他明白法師立宗，是希望全球弟子傳承靜思法脈、弘揚慈濟宗門，在未來十年、百年，把法脈宗門毫不偏差地傳下去。

接著，「四法四門四合一」組織架構應運而生。所謂「四法」，指的是「立體琉璃同心圓，菩提林立同根生，隊組合心耕福田，慧根深植菩薩道」；而「四門」，指的是「合心總持門，和氣和合門，互愛觀懷門，協力力行門」，依功能職責分合心、和氣、互愛、協力四個隊組。

在一般團體，執行長或負責人幾乎都是權力一把抓，濟捨對四合一的了解是，執行長要尊重合心組員的決定，不能自做主張。

慈濟創立初期，只要願意投入，就可成為委員或慈誠，但有些人對慈濟精神仍一知半解，熱心有餘卻理念不足，這個現象讓濟捨很憂心；他認為美國地區需要建立培育相關措施，才能有效提升志工的品質。

濟捨努力收集慈濟史料，閱讀許多法師著作，並擬訂志工培育計畫，透過《美國慈濟世界》宣導培育要務，建立培育初階內容。過程中，他感覺受益最多的是自己，也深刻體會到法師的精神理念數十年不變，永遠朝著「淨化人心、祥和社會及天下無災難」的宏願向前邁進！

他認為，慈濟是廣邀大眾發揮愛心、做人間菩薩的道場，是內修誠正信實、外行慈悲喜捨的修行道場。志工在救助苦難眾生的當下，勿忘以修行心來做慈濟。

法師也一再提醒，要深耕社區。濟捨表示，慈濟人雖多次到各地賑災，也參加全美急難救助志工組織（NVOAD），並與美國紅十字會合作，受到主流社會的肯定，但做得還不夠！

他強調，慈濟精神不分種族膚色，需要克服語言和文化的障礙，希望未來十年，至少有一半志工是土生土長的當地人。

目前，美國慈濟的幹部都在六、七十歲之間，接引年輕人、培養慈青更是刻不容緩。

對於四大志業的願景——慈善方面，要了解社區的需要，提供服務；急難救助方面，結合社區力量，才能迅速反應、降低損傷；醫療志業方面，希望各分會都能普遍設立門診中心，邀請更多醫療人士參與人醫會，並加強預防醫學的推廣；教育方面，希望各地都成立大愛幼兒園、慈濟小學，並向主流教育體系推廣「靜思語教學（品格教育）」；人文方面，則希望平面、廣電以及網路，都能廣泛深入主流體系，進而在美國設立電視傳播網，出版英語、西語書籍及雜誌。

濟捨認為，透過推展各項志業，必可接引更多人間菩薩，也能淨化己心——自愛愛人、自救救人，此即法師心心念念「淨化人心」的首要任務。

2008 年全球金融海嘯，濟捨預見善款會降低，預算必須縮減，但對於總會的職工，仍是不願裁員，只決定凍結新人事，希望大家共體時艱。濟捨不願讓周圍的人感覺恐慌，影響士氣，他鼓勵大家：「不景氣是短暫的，雖然經濟不好，願意付出愛心的人還是有，黑暗總會過去的。」

## 師徒之間存默契，跳脫己見

「你有沒有夢見過上人？有沒有在夢中得到上人的指示？」一位志工聽說許多人夢見過證嚴法師，並得到指點，好奇地問濟捨。

濟捨誠實告知：「從來沒有夢見過上人。」不過，當他遇到瓶頸，尤其是人事紛擾的難題，就會反覆思索並自問：「碰到同樣的問題，上人會如何處理呢？」濟捨並不在乎能否夢見法師，在乎的是對法師的教示，認識有多深？是否真正了解法師的心地風光？是否能追隨法師的腳步前進？

這時的濟捨，已然了解法師所談的法，不是輕易幾句話就能帶過，而是慈悲與智慧結合的身體力行。

濟捨回憶師徒之間的許多故事——

有一次，法師看到慈喜為濟捨盛飯，微笑地說：「很幸福！」慈喜問法師：「是誰很幸福？」法師慈愛地對她說：「你！」慈喜當下體會到自己過去的不知足，更加珍惜眼前的幸福！

還有一次，身為執行長的濟捨回花蓮參加會議，一位志工當面向法師告狀，抱怨他說話及辦事節奏太慢，做事拖拖拉拉。當庭廣眾被指責，濟捨雖不同意她所言，又不願在法師面前與她爭執。

正在兩難之際，法師緩頰說：「我遇到事情也會考慮東考慮西，不會立刻做決定，你知道的沒有主事者知道的多，是無法判斷人家是動作慢，還是另有苦衷？」

法師沒有完全附議對方所說，反而先釐清濟捨的立場，然後才告訴他：「做事要明快，該做的要做，不該做的也要快做決定。」

法師圓融的處理方式，顧好了兩個人的心，讓當事人雙方的面子和裏子都圓滿無缺。原本劍拔弩張的氛圍，在法師三言兩語下化解了。法師知道天下沒有絕對的對與錯，如果有人一開始就認為對方錯了，那自己的心態就先錯了。

告狀的志工做慈濟很勇猛，想做的事情就會推著別人往前衝，可是，有些做法不按規矩，甚至會造成困擾。當她對濟捨提出申請，他回答：「請讓我考慮一下。」他之所以不乾脆，只是想排除可能造成的後患。

濟捨知道自己必須維護團體的和諧運作，不能因為某個人而破壞。只是那位志工不做此想，直認為是濟捨阻礙她推動志業前進的力道，因此忍不住向法師告狀。

定居加州之後，濟捨及慈喜仍對曾經共事的長島志工「舊情綿綿」，經常彼此問候、聯繫情誼。最令濟捨感動的是，長島的志工們大多一做就十幾年，未因物換星移而停歇；更讓人讚歎的是，長島志工輪流做領導，卸任的負責人及人文學校校長足以組成一支小隊伍，作為志工團隊最有力的後盾。

當卸任的人文學校校長拿著鍋鏟在廚房做香積，那種為小朋友準備午齋的歡喜心特別讓人敬佩！

曾經共事的長島志工齊聚一堂，點評濟捨。李清華是看著濟捨及慈喜「長大」的志工，她讚揚兩人臉上永遠帶著溫暖笑容，鶼鰈情深，出雙入對，家庭幸福，人人稱羨。

她最喜歡向濟捨提出問題，然後看他思考時的神情及回答的語氣。她認為能夠認識這對賢伉儷，是生命中最大的幸事；最近一次見到濟捨，感覺到他的眼神似有老僧入定的境界了。

「辣椒王」顏湘芝回憶，濟捨初任長島負責人時，她自認比他資深，常板起老大姊的面孔對他訓話，一講就是好幾個小時。現任紐約分會執行長蘇煜升也曾任長島支會負責人，他非常同情「師兄」面對「娘子軍」的無奈！

顏湘芝為當年自己說話不夠委婉感到抱歉，不過她又說：「這就叫逆增上緣，我們給他的阻礙，成就了今日的他！有福報才可以擔任負責人，因為負責人就是要『負責忍』，濟捨能夠通過長島娘子軍的培訓，我衷心讚歎！」

王瑞芬表示，長島時期的濟捨夫婦是成功的企業家，也是社區中人人豔羨的幸福夫妻檔；當他們決定放下事業，不再追求名利，放下身段，走進慈濟付出，讓她非常感動。她也因此參加慈濟志工培訓，後來還承擔負責人職務，卸任後又繼續擔任培育幹事，為慈濟接引各方人才。

長島支會最引以為傲的傳統，就是歷任負責人及歷任人文學校校長都在卸任後，善盡輔佐之職。王瑞芬推崇濟捨最大的優點是脾氣好、胸襟大，凡事都為慈濟設想，「他們早已走到隊伍的最前端，而我們這些長島的老夥伴會在後面緊緊地跟著……」

多年後，濟捨驚喜地發現，他前半生所學到的很多東西，似乎是在為做慈濟而準備，不僅可以盡情奉獻，他更祈禱自己的才幹，可以在菩薩道中通通用上。而前半生沒有機會學到的東西，在慈濟也都學到了，比如「謙卑」！

從小沒有自信的濟捨克服挑戰後，一度變得相當自信，在無形中塑造了自以為是的性格，曾有好友告誡說，他有些孤傲不易親近，自己卻渾然不覺。

慈濟是志工組成的修行道場，「孤芳自賞」的領導方式在慈濟行不通。做幹部或負責人就必須懂得謙卑，推動志業需要動員很多志工，沒有人緣的幹部就請不動志工，遇到境界不會圓融處理，在志工互動之間會動輒得咎。

在慈濟世界中，濟捨通過種種挑戰，「忍」功達到一流境界，若非這些歷練，他可能永遠也不懂「忍辱」兩字的真意。

在社會上，若感覺被人羞辱，可以「拍案怒斥，拂袖而去」；但在慈濟道場，難免也會出現不順眼的人或事，幹部的責任就是關懷陪伴，直到「不順眼」變成「順眼」為止。

濟捨願意嘗試忍辱的磨練，並且甘之如飴，他知道那是修行的過程，並且一定會有所收穫。

他從「做慈濟」領悟到人生的道理，人生的道理不是想知道就有答案，想做就有機會的，而是經由學習跳脫己見，看到並理解大多數人的道理，這才是最重要的。

「每個人都有自己的道理在，端看我們用什麼樣的角度和思維去看待。」這是濟捨在慈濟旅途中的一大進步和收穫。

# 4.

# 立足美國 走向國際

## 2001 九一一事件

原本，慈濟在九一一救災現場沒有服務點，由救世軍服務站提供一個小角落，開始發放慰問金後，紅十字會讓出了正中間的大位置，以容納那些排隊等候救援的人，大家逐漸認識穿著「藍天白雲」的志工。

## 土法煉鋼行不通，重新挑戰

慈濟美國總會成立四個多月，就發生了九一一恐怖攻擊事件，不僅衝擊美國主流社會，也是總會志業管理中心應變的一大考驗。

2001 年的美國社會還不熟悉慈濟，慈濟人無法參與官方的救災行動，時任美國總會執行長的曹惟宗到紐約坐鎮指揮賑災任務，濟捨奉命留守南加州的總會待命，在紐約、總會及臺灣之間居中協調，三方志工互通聲息，由濟捨回報證嚴法師並取得指示，協助前線志工處理美國史無前例的大災難！

九一一事件發生時，有心賑災的慈濟人不得其門而入，所幸人醫會醫師林慧如取得紐約市政府發給的通行證，經由打聽得知消防人員受限於火場熾熱、灰塵蔽天，喝的又是晒熱的水，使得救災工作難上又難。

林慧如立刻通知等在封鎖線外的慈濟人，快速張羅，然後通報救世軍：「慈濟已經準備好充足的冰塊和飲水，準備支援救難人員了。」救世軍這才同意讓慈濟人掛上他們的旗幟，在他們的車輛引導下，進入災區第一現場，因為車上已無位置可坐，許多志工就趴在冰塊上。

送水之後，慈濟又獲准進入救災現場，提供熱湯給救災人員。因此，曹惟宗有機會觀察其他慈善單位提供的服務，發現有人發代幣給受災者搭巴士或洗衣服，有人發尿布，也有人為受難人禱告，但是沒有人發放現金。

曹惟宗向主辦單位表示:「慈濟可以發放慰問金！」剛開始，大家都投以懷疑的眼光，有人好心提醒：「你知道有多少人遇難？有多少家庭需要補助嗎？」主辦單位送來一位抱著嬰兒的婦女，半信半疑地來請領，慈濟果真當場發給五百美元，這才取得信任，並口耳相傳。

九一一事件受災人數近萬，進行慰問金發放時，美國總會計畫發給往生者家屬五百美元，受傷者三百美元。證嚴法師慈示：「不管是家人往生或重傷者，通通都發給一千美元慰問金。」

「一萬個家庭乘以一千美元，就是一千萬美金。我們一下子能募得到那麼多錢嗎？」濟捨向法師解釋，雙子星大廈裏有很多財務公司，員工年薪都是十幾二十萬，甚至上百萬。他們那麼富有，不會差少少的一千元吧？

法師告訴他：「正因為他們是有錢人，剎那間變得一無所有，才需要發放慰問金讓他們應急。」聞言，濟捨傻住了！怎麼法師的想法正好相反？

「原本我們以為每一個人都會來申請，事實卻不是如此。」法師的睿智幫助了三千戶受災家庭，也讓許多團體和個人首次認識了慈濟。

「來申請的人，除了原本就貧窮的人、因災變而失業者、外裔人士外，也有律師、財務公司副總經理；幾天後，不但有人把一千美元歸還，甚至還另外再捐款。這不正是上人所說的『濟貧教富』嗎！」

原本，慈濟沒有服務點，暫時附屬在救世軍服務站的小角落，開始發放慰問金後，紅十字會讓出了正中間的大位置，以容納那些排隊等候的人，大家逐漸認識穿著「藍天白雲」的志工。

當時進入管制區的志工都需要通行證，通行證每日變換不同顏色，避免閒雜人等進入；慈濟發放行動開始後，「藍天白雲」儼然成為另一張通行證。

在國會聽證會上，有受援者提到慈濟發放慰問金時，沒有詢問太多細節，當天就可以拿到支票。雖是對慈濟大大的肯定，但這種「土法煉鋼」的救災方式，在美國是行不通的。

有人建議慈濟，要加入美國援外非政府組織（Inter Action）以及美國急難援助志工組織（National Voluntary Organization Active in Disaster, 簡稱 NVOAD），派員參加他們的月會或年會，事前做好救災籌備及協調工作，了解救災的程序和步驟，而不是直接衝到現場。

另外，原本的勸募資料都是人力手寫，九一一事件發生後，捐款踴躍，登記和收據都靠人力一筆筆書寫，不僅工作人員緊張忙碌，捐款者也必須耗時排隊等候。

九一一救災初試啼聲，美國總會志業管理中心也迅速成長，各項工作健全後，曹惟宗建立了電腦勸募系統；一年後，第一代電腦升級，總算追上日新月異的科技；2003 年，第二代電腦再次升級，以因應業務所需。

慈濟美國總會本來設在蒙洛維亞（Monrovia），只有兩、三棟小建築，由於會務增多，已不敷使用。2004 年在聖迪瑪斯（San Dimas）購入一個基督教組織的園區，總共九十英畝。

新園區空間寬廣卻十分老舊，百廢待興，需要大規模翻修整理，加上四大志業的規畫初建立，每項工作都是任重道遠的任務。

2005 年的卡崔娜颶風，是美國有史以來最嚴重的風災，對慈濟而言，不僅又是一大挑戰，更是重大的轉折。

卡崔娜颶風幾乎摧毀了紐奧良整座城市，受災民眾全被撤出，分配到北加州、德州、波士頓及拉斯維加斯等地，第一波發放行動在德州的休士頓及達拉斯舉行。

當時慈濟還不是美國急難援助志工組織成員，黃思賢和曹惟宗親自到休士頓、達拉斯督陣，想要賑災卻被拒於門外。

濟捨在美國總會做後勤支援，他表示，慈濟雖然累積了很多國際賑災經驗，面對美國本土的災難，想要參與卻是相當艱難。後來，在德州一個小鎮終於有了突破，可以進行賑災發放工作，於是趕緊派遣義診中心的大愛巡迴醫療車，從洛杉磯開了兩天兩夜，到小鎮為受災民眾看牙。

另外，慈濟在達拉斯則與美國紅十字會一起救災，慈濟現場發放現值卡和食物，並努力和其他救災團體互動，建立合作關係。

然而，賑災過程卻非常辛苦，在慈濟未被允許進場之前，達拉斯負責人凌源良向負責單位表示：「慈濟願意提供賑災所需！」對方提出需要幾百張行軍床，凌源良答應後，對方卻說不用了；再過幾天，又接到電話，限定幾點幾分以前要送去幾百份熱騰騰的午飯，凌源良發動志工準時送便當到會場，才打開了達拉斯賑災行動的大門。

這時，從各地飛往休士頓支援的全美志工，臨時增訂機票前往達拉斯，自掏腰包趕赴災區發放。

卡崔娜颶風救災行動後，慈濟人痛定思痛，於 2006 年同時加入美國援外非政府組織以及美國急難援助志工組織，成功進入當地社會的急難救助系統。

2012 年濟捨卸任美國總會執行長，改任副執行長，輔佐新任執行長黃漢魁；原本是想交棒給年輕一代，不料無常乍現，黃漢魁於 2022 年 6 月 18 日因急性腦梗塞辭世，享年 55 歲。

2013 年，桑迪颶風在紐約造成很大災害，慈濟憑藉過去救災經驗，直接、重點、務實、尊重、及時的方式，在美國急難援助志工組織推薦下，贏得當年最佳急難救助組織獎。

## 守護健康守護愛，策畫講座

根據聯合國世界衛生組織（WHO）於 2014 年 9 月 20 日公布的「年齡畫分標準」，過去 65 歲就被定義成「老人」的觀念落伍了，經過專家對全球人體素質及平均壽命進行測驗，聯合國將人的一生重新分為五個年齡段：0~17 歲為未成年人，18~65 歲為青年人，66~79 歲為中年人，80~99 歲為老年人，100 歲以上為長壽老人。

瞬間「凍齡」的好消息，讓「有點老又不太老」的人們憂喜參半，喜的是重回「青年人」的行列，憂的是早已從職場舞臺鞠躬謝幕，告別了燈光和掌聲，又因為戰後嬰兒潮的緣故，同時退休的人口偏高，隨著年齡步步高升，身體病痛也悄然而至。

美國慈濟醫療基金會為守護社區民眾的健康，特別於 2015 年 9 月起舉辦「黃金歲月身心靈醫療」系列講座，內容包括生理及心理健康新知、保險資訊及退休後的理財規畫，幕後團隊以慈喜、陳乃華及高月卿為主力策畫，濟捨陪伴。

濟捨說：「身心靈系列講座除了醫治病人、保健未生病的人及教導子女照顧病中的父母，還有心理醫師講解心理健康，理財專家指導看緊自己荷包。慈濟舉辦醫療講座的目的，就是為社區營造一個『醫療的家』，在這個大家庭裏，一起來關心彼此的健康，一起在退休後享有無憂無慮的黃金歲月！」

身心靈講座的因緣，始於南加州臺大校友會的例行聚會，校友會稍早前邀請時任美國慈濟醫療基金會執行長，同是臺大校友的濟捨，分享做慈濟志工的心得。當天見到許多醫學院的同學，濟捨突發奇想邀請醫師同學們來共襄盛舉，一起「守護社區、守護健康、守護愛」。

濟捨呼籲大家準備錢財、健康、人際關係及心靈等四樣「老本」，歡喜面對退休後的黃金歲月。「錢財」並非唯一的老本，養老金及老窩是必備的；「健康」老本包括健康的身體及醫療保險、長期護理保險，也是不可或缺的；「人際關係」老本指的是結交知心朋友、參加社團；「心靈」老本則是培養興趣、正面思考、補充正能量，把快樂鑰匙掌握在自己手中。

2019 年底爆發新冠疫情，為了抑止病毒傳播，不適合再舉辦「群聚」性質的現場醫療講座，因此，濟捨建議改為網路研討會，自 2020 年 3 月以來一直在線進行，鼓勵擅長電腦資訊作業的同仁郭美娟主導這個項目，擔任顧問的陳福民廣邀大醫王主講、詹雁如發揮網絡專長完整後期製作，運用線上健康講座點線面的結合，傳遞健康知識無遠弗屆。

疫情期間，濟捨要求網路研討會幕後團隊以 COVID-19 大流行為主軸，主題從疫苗接種的重要性，到如何透過適當的衛生教育、戴口罩，以及 COVID-19 疫苗接種來防止冠狀病毒的傳播，進一步教育民眾如何在家中保持健康。全美各地人醫會也陸續將實體的健康講座轉為線上講座，繼續服務社區，不因疫情中斷醫療服務。

美國醫療與加州大學洛杉磯分校東西方醫學中心合作，於

2020 年 7 月舉辦了一場關於東西方疾病管理綜合方法的網路研討會。此外，還有兩場關於 COVID-19 期間傳統中醫自我保健及健康生活的植物性飲食網路研討會。

為了吸引更多的觀眾，每個現場研討會都被處理成 YouTube 視頻。然而，凡事起頭難，慈濟會員有許多年長人口，需要耐心指導如何上線聽講，如何給團隊製作的 YouTube 按讚，為了推廣慈濟優質的醫療講座，慈喜運作自媒體宣傳再宣傳，鼓勵大家一起來關心自己及家人的健康！雖然 YouTube 在美國慈濟可謂創舉，所幸經由團隊的合和互協而取得成功。

慈濟「健康社區」計畫的目標，是提供持續有用的健康教育研討會，包括針對季節性疾病、慢性疾病或當前事件（如 COVID-19 大流行）量身定製的研討會。當群聚的室內活動受限，「健康社區」計畫迅速設置在線平臺，繼續為營造「健康社區」做貢獻。

自 2020 年 3 月專案啟動以來，慈濟已舉辦一百場網路研討會，為當地社區提供寶貴的教育服務，將線上健康講座以 Zoom、臉書和 YouTube 多種頻道播出，並透過健康教育及預防醫學，幫助社區居民擁有更健康的生活。

## 保險體系變變變，面臨轉型

根據九十年代的調查發現，聖蓋博谷地區約有 75% 的新移民，因謀職不易、無交通工具，加上語言文化的隔閡，而無力負擔健康保險費用。幾經志工請命，終於促成 1993 年 11 月 1 日在加州洛杉磯郡阿罕布拉市嘉惠爾大道，成立第一家美國慈濟義診中心。

義診中心所在處原是美國分會行政辦公室，分會遷移後，黃思賢又捐出作為義診使用，並提供大半裝修費用。

歷經十一個月的策畫、募款及人力募集，從一桌一椅、一磚一瓦到設備先進、功能齊全的現代化醫療診所，阿罕布拉義診中心不但是海外華人首創的義診機構，也是慈濟海外醫療志業邁向國際化的第一步。

義診中心服務對象不限種族、宗教、政治背景，只要符合低收入、無保險的病患，即提供服務。

隨著美國前總統歐巴馬推動全美保險，無業的居民有幸享受政府保險，窮人也受到照顧，看似「義診中心」再無存在的必要，面臨轉型的挑戰，從免費醫治貧病、醫療講座及預防醫學進階到全面性的社區醫療服務，2013 年改名為佛教慈濟醫療中心。

順應美國醫療體系的變動，慈濟醫療中心開始接受有醫療保險的病人，爭取經費收入和支出得到平衡，既不必長期依賴捐款，又可以改善醫療品質。如今，醫療中心的功能除了治病外，更進一步致力於營造「健康社區」，例行的醫療講座即是守護社區健康的重要里程碑，尤其疫情期間被迫居家隔離，網絡研討會的進行為社區營建了健康網。

為落實「守護社區，守護健康，守護愛」，濟捨開始結合當地社會的資源與力量，尋求合作夥伴營造「健康社區」。

美國慈濟醫療志業有定時、定點的三個社區義診，依序是太平洋醫療網（Pacific Clinic）、山麓聯合濟貧中心（Foothill Unite Center）及老城區婦女中心（Downtown Women's Center），其中太平洋醫療網有八十多個點，大愛醫療車幾乎每週出發，有時一週內就出勤三次之多。

山麓與慈濟的結盟緣自於 2014 年的一次會議，志工王淑卿得知聖蓋博山谷屬貧困居民集中地，山麓正在積極尋找醫療資源，為貧病家庭提供服務。

2015 年底，鄧博仁醫師（現任美國醫療基金會執行長）感慨表示：「大愛醫療車每年只出勤幾次，實在太浪費醫療資源了，應該多多使用才是！」

王淑卿立即提出山麓有此需求，為了讓大愛醫療車發揮「病人進不來，慈濟走過去」的功能，濟捨和慈喜主動出擊，拜會山麓主任貝蒂（Betty McWilliams），雙方達成協議，每月舉行眼科及牙科義診各一次。

山麓自 1980 年設立，已在中西洛地區十多個城市提供服務長達三十七年，項目包括食物銀行、職業介紹、醫療服務等，經由山麓嚴格審核的名單，慈濟為更多人提供醫療服務，盟友之間借力使力，一起擴大服務的範圍。

老城區婦女中心地處高樓林立的洛杉磯老城區，辦公大樓的白領族行色匆匆，路邊無所事事的遊民從街頭走到巷尾，倚著欄杆晒太陽、尋思著怎麼打發無聊的一天……這是老城區婦女中心的地理環境，熙攘的婦女人潮到婦女中心用餐、洗澡、換洗衣服及尋求相關協助。

婦女中心成立於 1978 年，是洛杉磯唯一救濟弱勢婦女及女遊民的慈善機構。擁有一百一十九套公寓，為女性遊民提供安全住處及醫療服務，幫助穩定生活後再給予教育及工作，讓婦女們能夠有尊嚴地生活。濟捨評估其可行性之後，同意慈濟醫療團隊接受婦女中心的邀約，出動眼科大愛車定期到場提供服務，提供眼科檢查和配眼鏡。

住在婦女中心公寓的蘇珊娜，為回饋社會而投入婦女中心的義工服務，在飲食區及電腦區擔任領班。

「我來自墨西哥的良好家庭，母親在濟貧方面為我做了很好的示範，凡有需要食物或幫助的窮人，母親皆不吝付出。」十年前，蘇珊娜的母親病了，她辭去工作回家日夜照顧母親，等到母親去世後，她發現自己已回不去原來的生活。

一無所有的蘇珊娜，最終落難至洛杉磯街頭，曾因穿著不合腳的鞋子長途跋涉而受傷感染，差點丟了性命，蘇珊娜感恩神及醫師救了她一命！

當蘇珊娜在大愛醫療車遇見驗光醫師林孟潔，林醫師心疼地問：「這幾年是如何度過的？」蘇珊娜說，自己靠不斷地禱告，努力回歸正常生活。

林醫師轉述蘇珊娜的故事，並對濟捨說：「感恩慈濟醫療團隊能夠來到洛杉磯的貧苦地區，為那些在生命底谷掙扎的人們提供服務！」

經過與合作夥伴的互動，濟捨發現政府推動的全民保險不能覆蓋全面，那些沒有居留身分的人、居無定所的遊民，以及被社會遺忘的可憐人，他們選擇躲藏在政府視線之外的偏遠角落，舔舐自己的痛苦，濟捨但願慈濟的大愛能安慰他們的痛苦心靈，引領他們走向有愛的人生。

## 感恩餐會匯集愛，眾志成城

2016 年 12 月晚間，阿罕布拉市的阿曼薩（Almansor Court）高爾夫球俱樂部湖景宴會廳響起高昂的歌聲，隨著英文歌〈You raise me up（你鼓舞了我）〉的節奏，歌者緩緩揚起手眺望遠方，注視著大廳裏護持醫療志業的志工與嘉賓……

「When I am down and, oh my soul so weary;
When troubles come and my heart burdened be.
Then, I am still and wait here in the silence,
Until you come and sit awhile with me.

You raise me up, so I can stand on mountains.
You raise me up, to walk on stormy seas.
I am strong, when I am on your shoulders.
You raise me up... To more than I can be.

（當我身處困境，我的靈魂如此疲憊；當我面臨難事，我的心背負著重擔。只能無聲地在原地等待，直到你來了，給我　路的關懷陪伴。

你鼓舞了我，所以我能站在群山之巔；你鼓舞了我，讓我能渡過狂風暴雨的海洋。當我靠在你的肩膀，我變得更堅強；你鼓舞了我，讓我超越自己、付出更多。）」

志工團隊用嘹亮的歌聲，唱出了慈濟人的最高敬意。這是濟捨例行舉辦的醫療感恩餐會，因為若沒有愛心善款的支柱及人力動員作為後盾，就沒有美國慈濟醫療志業的蓬勃發展。

他感恩妻子慈喜及她的姊妹、家人，為醫療志業的募款活動出錢出力。孫家姊妹侍母至孝，事業有成之後，行善更是不落人後，且多以母親名義捐款。

舞臺上的濟捨，領著大醫王及手語隊聯合演繹〈白袍禮讚〉，他們在百忙的醫務中撥空練習，贏得了滿堂采。

當螢幕打出了募款溫度計，拜高科技所賜，與會人士紛紛拿出手機以信用卡捐款，然後一起注視溫度持續上升，捐款數目漸漸接近目標。濟捨及慈喜被公認是募心募款募愛的模範生，日積月累的策畫及經驗，是日後他挑起美國總會募款大任的基礎。

為鼓勵社會人士投入志業，濟捨在感恩餐會頒發大愛獎章（Great Love Award），2016 年的得獎人依序是諾瓦特雲端科技公司（NOVAtime Technology, Inc.）獲頒「奉獻精神獎」、山麓聯合濟貧中心獲頒「社區夥伴獎」及旭日化驗所（Sun

Clinic Laboratories）獲頒「社區服務獎」。

諾瓦特雲端科技公司因上下全力護持慈濟，主管及員工踴躍參加志工培育，並投身義診而獲獎。負責人蘇建華上臺領獎並分享，「三十年前，我從臺灣來美求學，難得放假回臺灣探親，可是母親卻沒有留在家裏陪我，她天天忙著做慈濟，每月一次不辭辛勞地跑到每個人家裏收善款。當時我很不理解地問：『幹嘛那麼麻煩？寫張支票寄過來不就行了嗎？』母親說，不是收善款而已，而是保持彼此的關心，隨時隨地提供必要的協助。母親的話帶給我極大的震撼，那是我第一次另眼相看『慈濟』這個團體。」

2004 年，蘇建華學成創業，當時發生了災情慘重的南亞海嘯，夫婦當下就發心立願走入菩薩道。蘇建華接受濟捨邀請，前往臺灣參加實業家營隊，又去參加國際賑災，2013 年還前往海地參加慈濟援建學校落成典禮，2022 年和妻子詹雁如雙雙受證，成了護持醫療志業的志工。

山麓主任貝蒂讚揚慈濟人做事本著「心寬念純」，善心自然流露，力行「感恩、尊重、愛」，與該團體奉行的準則不謀而合，經由兩個慈善團體的合作，改變了許多人的生命。

貝蒂的同事安琪莉卡（Angelica）分享了兩個真人實事。有一次眼科義診，女病人提早三小時來排隊，清晨五時就到了，深恐錯過看診時間。驗光後，林孟潔醫師因病情需要，趕緊為她進行轉診，一個月後，女病人出現在山麓，給安琪莉卡一個熱情的擁抱，並一再尋找林孟潔，想要當面感恩，她說：「我以為自己死定了，感恩林醫師救了我的命！」

還有一次牙科義診，只剩兩顆牙齒的男病人來看診，張恭逢醫師問他：「你都吃什麼？怎麼吃？」病人自承：「不能吃，只能吞。」張恭逢搖頭說不行，要幫他做假牙，病人聞言一愣，不敢相信地問：「醫師，你可以再說一次嗎？你要免費幫我做假牙？」

因為百感交集，一個大男人就在眼前哭了起來……安琪莉卡說：「慈濟人讓生命有了品質！」

旭日化驗所自慈濟義診中心於 1993 年在美國成立後，就以優惠價協助義診中心降低成本，旗下檢驗員熱心參加慈濟義診，近年又投入癌症篩檢計畫，是慈濟不可或缺的夥伴之一。

負責人弗蘭西斯（Francis Sun）親自領獎並發表感言，表示化驗所與慈濟醫療志業合作超過三十年，只收成本，全所上下投入志工服務，希望能夠長長久久合作下去。她回憶第一次與慈濟開會協商工作，感覺慈濟人好親切，就像重逢的家人一般，每次有慈濟義診，同事們都爭相出席共襄盛舉。

一年一度的感恩餐會，濟捨都會設計獎章頒發給合作夥伴，鼓勵社區團體持續護持慈濟志業。那些接受慈濟大愛的團體忍不住問濟捨：「明明是慈濟出錢出力幫助我們，為什麼還頒獎給我們？應該是我們頒獎給你們才對啊！」濟捨分享了法師的教導：「付出無所求，反而說感恩！」作為答案。

## 勘災賑災需應變，漸入佳境

1998 年 9 月，喬治颶風橫掃加勒比海，造成中美洲許多國家嚴重受災，臺灣政府邀請了五個非政府組織前往勘災救援，濟捨和奧蘭多聯絡處負責人林智代表慈濟一同前往。同行的林智是美國人，也是臺灣女婿，身高一百九十公分，講得一口非常溜的中國話。

由於行前匆忙，根本沒有機會進行討論，同行的非政府組織隨團代表都問濟捨：「慈濟能做什麼？」譬如，有團體探聽慈濟捐款的金額，臺灣隨團外交部人員也問濟捨要如何賑災，因為飛機一落地便會有媒體來採訪，他們需要一些具體的內容答覆。

濟捨心想，他接到的指示是遵守慈濟救災五原則——直接、重點、務實、及時和尊重，不能隨意答應要求。他回答：「慈濟需要先勘災，取得臺灣本會的同意才能做出決定。」

有一個重災區，約需三個小時車程，濟捨希望能前往勘災，對方的回答是：「對不起，那裏的路不通，整個村莊都被淹埋，死了幾千人，已經發布戒嚴，不能隨意出入。」

進退維谷之際，正逢 10 月 10 日臺灣的國慶日，賑災成員與當地華商聚會，濟捨聽到臺商張太太談起自己買麵包，到重災區發放，馬上問：「你怎麼能進去重災區？」她說是跟家裏的司機去的，那裏是這次颱風登陸點，是重災區，物資非常缺乏。

「可以帶慈濟人一起去嗎？」濟捨抓住機會，實地了解該地區缺乏物資的窘境後，承諾還會再來。一個多月後，他與六位慈濟人組成賑災小組，再度到多明尼加，跟著臺商張太太深入災區。

多明尼加的重災區，傷亡人數慘重，因為水庫決堤，許多人被突來的大水和土石流活埋，屋毀人亡，慘絕人寰。雖然全世界的援助湧入，但仍有許多地處偏僻的災區無人聞問，等不到任何外援。濟捨發揮分析的專長，據實向臺灣本會報告，終能帶隊去偏遠地區發放。

賑災固然重要，賑災人員的安全也非常重要，濟捨必須認真考慮團員的安全問題，並對賑災過程掌握得宜。萬一碰上災區民眾情緒不穩定，他也必須明快果斷決定撤離，或設法安撫讓發放能順利進行。

看到整個村全毀，死傷嚴重，濟捨再次感受生命的脆弱與無助，也善盡慈濟人最大的努力，設法幫助倖存的人們。他慶幸自己加入慈濟，才有機會來到如此偏僻的國度，有機會為苦難眾生付出；多年來投入賑災，養成他的悲心願力，做任何慈濟事都是「走在最前，做到最後」。

到多明尼加賑災後，他時時落實「不買」政策。他說，以往心心念念想要買豪宅，看到拉羅馬那的孩子們沒有學校、家長沒有工作，只能倚靠附近的垃圾山維持生活，他才打消了念頭，珍惜現在所擁有溫暖的家。

## 頭殼壞掉做慈濟，樂此不疲

1998 年 10 月，移動緩慢的密契颶風，為宏都拉斯、瓜地馬拉和尼加拉瓜帶來創歷史紀錄的洪水。全球慈濟人都動了起來，臺灣慈濟人為受災民眾募集二手衣，美國慈濟人將其中十幾個貨櫃舊衣服運到宏都拉斯，卻不得其門而入。

宏都拉斯政府擔心二手衣會影響當地的成衣市場，因此扣在海關不肯放行，經臺灣辦事處及臺商張鴻才的熱心協助，才終於得以出關。這些衣物經過志工們的用心整燙、包裝，受災民眾意外收到這麼好的衣物，許多人忍不住淚灑衣衫。

1998 年底至 1999 年間，濟捨多次帶隊赴宏都拉斯協助消毒及發放二手衣。當地負責人張鴻才協助運輸、發放等事宜，卻對於慈濟志工花時間親送物資、帶動受苦鄉親做團康、接引本地人當志工的做法，不以為然。

他覺得，慈濟的「繁文縟節」太多，直接掏腰包或送物資給對方，不是比較快？相同的善心，不一樣的作法和觀念，讓張鴻才和慈濟人保持著若即若離的距離。

長期互動之後，他漸漸了解志工接引受助者的用心。「2001年到2005年那段期間，美國慈濟人幾次前來，我接待的同時，感受到他們純粹是出於一分愛，這就不容易了。」

2005年，濟捨欲前往尼加拉瓜賑災，繞路宏都拉斯向張鴻才求助，借宿期間，無意間發現兩人是同一所高中同屆畢業的校友。聽濟捨細數大半輩子人生歷程，張鴻才既敬佩又疑惑：「他是不是『頭殼壞去』，竟捨掉自己的事業，跑去做慈濟？」

如今，張鴻才笑稱自己也追隨老同學「頭殼壞去」的腳步，成為慈濟在宏都拉斯的第一顆種子，從此全職做志工了。

宏都拉斯自1821年獨立至今，多次政變，阮囊羞澀的國庫大多用以支付政變的軍事行動，無暇兼顧民生建設。

在二十一世紀的今時今日，多數鄉村地區尚無「自來水」，百姓家均以各式各樣的容器購水。衛生條件落後，蚊蟲與疾病孳生，每年都有登革熱等傳染病發生，2016 年更有茲卡病毒盛行。自密契颶風造成嚴重災情後，連年風災、水災輪流侵襲，讓宏都拉斯幾乎沒有休養生息的機會。

宏都拉斯雖有政府醫療保險，但並非人人自動繳交保費，政府只能從就業者的薪資自動扣繳，無業者便無錢可扣了。一般而言，住在大都市的人可以去公立醫院看病，沒保險的人要繳三十五美元問診費，有保險或無業者不用繳費。但因缺乏醫藥，病人看了醫師卻治不了病，就醫成了一場惡夢。

比起南宏都拉斯，北宏都拉斯更貧窮、更缺乏資源。當濟捨於 2003 年底前去宏國北部汕埠市的福爾摩沙工業區參觀，當年，來自臺灣的慈青王桂涓正在北宏都拉斯開始做慈善，得知濟捨來訪甚是歡喜。

濟捨拿出隨身的一張照片，告訴王桂涓：「這是我很喜歡的一張上人法照，跟大家結緣，並祝福宏國的慈善志業！」

在資訊不發達的北宏都拉斯做慈濟，王桂涓很是孤單，每當遇到境界，上人法照總能給她很大的安定力量，存在著「被關愛」的祝福。因此，每每在大愛電視或慈濟書刊中看到濟捨的身影，王桂涓都會在內心深深感恩，期待能有再相會的機會。

2021 年 3 月 29 日，王桂涓一家四個兄弟姊妹，在花蓮靜思精舍巧遇濟捨及慈喜。當時濟捨前去向上人報告美國醫療志業會務，王桂涓認出了濟捨，終於有機會向他親道感恩，也結識了他的另一半慈喜，王桂涓說：「從這對賢伉儷身上，讓我體會到何謂『捨得歡喜』！」

當時王桂涓正向上人報告北宏都拉斯會務，並發心立願全家大小二十五人一起守護北宏都拉斯！王桂涓的婆家、父母皆是資深慈濟人，他們除了發心要生生世世做慈濟，也期許兒女輩個個都要培訓成為慈誠、委員，一家族的願力感動了在現場的濟捨夫妻！

乘著從臺灣前往宏都拉斯的旅程、王家媳婦林靜茹利用將過境美國的機會，前往美國慈濟醫療中心參訪，由志工鄒慶慶、黃美英及郭美娟接待及導覽門診中心，介紹醫療志業體的相關人員分享醫療志業，並有意捐贈個人防疫物資給北宏都拉斯。

林靜茹承擔北部宏都拉斯會務，包括聖佩德羅蘇拉（San Pedro Su La）等六個社區的關懷，她感恩臺灣本會及美國醫療志業的後援：「送這麼多物資，這對北宏都拉斯欠缺資源的醫護人員，真是一大幫助！」

目前林靜茹一家人除了做發放，準備熱素食去定點勸素，帶動村民清潔環境，也開始做家庭訪視，從慈善跨足到醫療，經由訪視個案，看到許多貧病交迫的人，因為沒錢就醫，小病變成大問題。

即使能去就醫，掛號一等就要一個月，如果要做檢查就要再等三、五個月，萬一要開刀就更久，等來等去，病人也愈來愈多！

早期，他們用「訪診」的方式照顧鄉親，因為有一位宏都拉斯人醫會的醫師住在北部，常常跟著去為病人看診、換藥；徵得醫師同意，從 2021 年 6 月起在六個社區輪流定時定點舉辦小型社區義診，盼能細水長流地提供醫療服務。

二十年來，濟捨出入宏都拉斯不知凡幾，經由他的帶動及張鴻才的承擔，2011 年宏都拉斯聯絡處展開志工培訓，2016 年成立宏都拉斯人醫會，帶動本土醫護人員舉辦義診。

經常帶領美國人醫團隊前去支援義診的濟捨表示：「幾次來宏都拉斯，主要是與本土志工互動、分享、義診，以及評估設立義診中心的可行性。」

有一年，當他在樹蔭下振筆疾書，記錄當日義診個案，聽到有一人家，家中兩個小女孩都染上皮膚病、老太太患有嚴重氣喘，正在請教療養之道。

濟捨聽聞後，建議他們要時常打掃家裏，除去灰塵、保持乾淨，有太陽的時候，要把棉被搬出去彈一彈、晒一晒。他親切地與病患互動，同時眼觀四面、耳聽八方，當天即針對五個急需救助的個案，進行評估及處理。

領隊掌控全場，也細心觀察場內的病號。有一位六十二歲的男子，十七年前從二樓不慎摔落地面，當時一樓有燃燒的稻草，造成他嚴重燒傷。因為生活窘困，沒錢好好治療，造成他的右上臂、頸部嚴重沾黏，右手變形無法活動，經評估需整形外科進行手術治療。

病人家屬聽說慈濟願意幫忙，多年來求助無門的心酸一擁而上，又是眼淚，又是感激！濟捨用行動表現慈濟的大愛精神，現身說法的方式教導宏都拉斯醫護志工視病猶親、醫病先醫心的慈濟理念。

## 援建薩國大愛屋，一波三折

密契颶風橫掃宏都拉斯的同一年，哥倫比亞也發生地震，濟捨再次前往展開救災行動。2001 年，薩爾瓦多發生空前的大地震，濟捨又重臨中南美洲勘災和賑災。那幾年，濟捨一直處在驛馬星動的狀況中，馬不停蹄地奔赴各災難區。

當薩爾瓦多發生芮氏規模 7.6 地震，各國慈濟志工組成賑災團隊前往發放、義診，也計畫援建大愛村；之後，由濟捨及美國志工團隊接手大愛屋的興建工作。

早年的國際賑災，一般都是由臺灣志工主導，作開路先鋒。

濟捨看在眼裏、敬佩在心底！證嚴法師認為，中南美洲的災難，必須由美國慈濟人就近承擔。但當時美國志工不多，也很少人有時間出遠門，於是濟捨便擔起此一重任。

地震嚴重，土磚屋都垮掉了，薩國政府畫地給受災民眾，卻不供給建材，到處可見泥土、石塊堆成的房舍，外表則用報紙及塑膠袋克難黏貼……濟捨回臺灣向法師說明，慈濟向當地政府表明救援的意願，然而，由於兩方對貨物稅的見解分歧，經過多次協商，薩國才同意免稅通關。

法師慈示，賑災也要讓當地政府負起責任一起來做，後續的工程才會順利。在薩爾瓦多興建大愛屋必須先取得土地，其中一塊地預計可建造九百多戶，另一塊地可建造三百多戶。薩國政府雖然同意慈濟的建屋計畫，但適逢薩國大選，兩派人馬誰也不讓誰立功，大愛屋的工程在兩黨制衡下好事多磨，延誤了許多時間。

最初構想用「以工代賑」的方式，號召災民自行建屋，預定一棟大愛屋造價為 2,500 美元。等到政府正式批准，志工發現原訂計畫行不通，因為災民本身不是泥水匠，如果要僱工建築的話，造價將拉高到 3,400 美元以上。

幾經濟捨折中計價，縮小坪數，改變建材，不設電源，總算把造價控制在 3,000 美元以下。當濟捨向法師面呈計畫，自以為費了九牛二虎之力，將造價控制在和當初估價差距不大的範圍內，應該可以得到法師的嘉許。

但法師聽完報告後說：「這個房子的設計太不人性化了。如果是你，你要不要去住？要以災戶的需求作考量，而不要以省錢為考慮；建大愛屋就是要建到讓災民願意住，而且要住得舒適。」

原本為了省錢，大愛屋的電只接到屋外的電線桿。濟捨認為，如果居民有錢時，就不會在意接電到房子裏的那一點費用；如果沒錢，就算幫他們接進去，他們也不會用。

此舉，又未獲法師同意。「災戶如果需要用電，一定會想辦法解決電費；或者怕他們繳不出電費，可以請求政府給予補助，而不是讓房子沒水沒電，東減西扣。我們要做，就要做到設計完善，隨時可以用。」

法師的細膩指點，讓濟捨拳拳服膺。「我原先以為尊重生命只是醫療上的名詞，實際上尊重生命是包括了生活和精神上的尊重，最重要的是維護生命的尊嚴。上人真的是面面顧全，真正地尊重生命！」

薩爾瓦多慈濟一村快蓋好時，薩國政府限於稅制，表示無法同意慈濟建大愛屋「免稅」。濟捨據實呈報，法師表示:「如果政府要課稅，慈濟就不再協助興建二村了。」

對於法師的堅持，濟捨心想，如果我們不建慈濟二村，災戶不就沒房子住了嗎？這樣好像不是很慈悲！因此，他力勸法師做一些妥協。

「上人耐心跟我們解釋，務必讓薩國政府非常清楚慈濟所堅持的原則、為什麼要這樣堅持的目的。第一，慈濟是慈善團體，不是營利機構；第二，地震造成薩國災難，政府亦須負起救助百姓的責任。假若薩國政府真的為他們人民好，一定會慎重考慮而同意。如此，不但嘉惠災戶，也能嘉惠未來在薩國做慈善工作的非政府組織。」

濟捨將慈濟的原則轉達出去，薩國政府沒有回應，建屋之事便沈寂了下來。一直等到選舉過後，薩國政府總算答應接受慈濟的援助，但又提出了「先繳稅，交屋後再退稅」的條件，法師依然不答應。

一來一往之間，讓居間協調的濟捨相當為難，最後薩國國會議員修改憲法，免除繳稅條款，慈濟在薩國一共建造了1,250間大愛屋，不僅水電瓦斯俱全，還設有社區中心、學校、義診中心及教堂。

「上人的眼光真的非常遠大！而他的智慧正源自於深層慈悲。」為薩國蓋大愛屋的經驗，讓濟捨覺得自己很幸運能跟著法師做慈濟事。「雖然我是不支薪的志工，而且所有的開銷都是自付，可是在為慈濟工作的過程裏，所學到的是『千金難買的慈悲與智慧』。」

## 申請進入聯合國，悲智雙運

1996年，黃思賢帶著包括濟捨的團隊到聯合國新聞部（Department of Public Information，簡稱DPI）拜訪，那是美國總會第一次申請進入聯合國。

1998 年，美國總會鑑於參與聯合國事務的必要性，呈報證嚴法師請求祝福，2001 年再次陳情並開始行動，直到 2004 年才被允許加入聯合國新聞部，得以參與相關會議，取得公關訊息。

2005 年，慈濟開始申請加入聯合國經濟社會理事會，但進行得並不順利，後來才知道根本沒有被提案，原因是慈濟發源於臺灣，礙於兩岸關係，申請案一直在原地踏步。

聯合國官方組織體系包含大會、經濟社會理事會（Economic and Social Council，簡稱 ECOSOC）、安全理事會、國際法庭、託管會、祕書處等六個一級單位。非政府組織（NGO）主要是參與新聞部及經濟社會理事會下各種委員會政策制定及執行的活動。

世界各國的非政府組織都可申請成為經濟社會理事會的成員，並獲得「諮詢地位（Consultative Status）」。不過，諮詢地位又分成可參與提案的「全面諮詢地位（General Consultative Status）」，和只能在特定領域「被諮詢」，有限度參與的「特別諮詢地位（Special Consultative Status）」兩種。

2008至2009年之間，美國總會重送申請案，志工想辦法和審議的十九個會員國溝通，其中包括中國代表，因為聯合國採「共識決」，差一票都不能通過；終於，聯合國答應將慈濟的提案送交討論，但是不保證通過。

濟捨決定帶隊一一拜訪各會員國，首先去找美國代表。美國代表熱情接見，專心聆聽分享，並表示一定會投票贊成，但他也指出：「你們最大的關鍵是中國，一旦中國表態反對，就會有小國跟進，應該盡最大的努力說服中國代表。」

美國代表又說，聯合國的生態很奇怪，無論大小國都是一國一票，大國的角色有時惹人煩，美國若是站出來支持慈濟，小國反而會唱反調，那不是幫倒忙了嗎？不過他也表示：「會找另一個國家出面說話。」結果請了英國代表出面，英國代表很乾脆地說：「沒問題！」

志工團隊繼續與祕魯等多國進行討論，並成功說服。慈濟的慈善、醫療、教育、救災行動，跨越種族及宗教，在世界各國都是有目共睹的。

最後，濟捨終於敲開了中國代表的門，中國代表問慈濟志工：「為什麼要加入聯合國經濟社會理事會？」

志工首先讓中國代表了解，慈濟長期在大陸致力於賑災和扶困等工作，廣受大陸機關團體及社會大眾認同；而且慈濟是一個跨越種族及宗教的國際性慈善組織，也希望能與其他國際非政府組織多互動。

慈濟此舉不含政治性目的，終於化解了中國代表的疑慮，不再反對。2010 年 7 月，慈濟取得聯合國經濟社會理事會具特別諮詢地位的非政府組織，前後花了十四年的時間。

## 海地震災辭岳母，最後一面

話說，濟捨帶領慈濟團隊前往紐約，爭取成為聯合國經濟社會理事會具諮詢資格的非政府組織，審核時間就快到了，慈濟團隊必須到場等候結果；不巧的是，濟捨的岳母竟在此時病倒，情況危急，全家人籠罩在一片愁雲慘霧。

禍不單行，彼時海地又發生強烈地震，濟捨必須立即啟程前往海地勘災。赴海地勘災的飛機即將起飛，濟捨強打起精神，一方面安排拜訪十九個聯合國會員國代表，一方面急如星火地帶領四人小組進入多明尼加，再轉進海地勘災。

等第一批勘災人員找到賑災管道後，濟捨立刻飛回紐約，趕去醫院守在老人家身邊。想到岳母一向的疼愛，他淚流滿面；而再見到濟捨的岳母，不久便含笑而去。

逝者已矣，濟捨只能放下悲傷，全力以赴參加入聯審查會議，慈濟人組成一個團隊，在紐約、洛杉磯、臺灣之間連線待命，一一滿足聯合國及中國代表的要求。

聯合國的審議過程非常嚴肅又急迫，當天各國代表圍坐大圓桌，慈濟團隊在一旁全程陪伴。紐約時間九點開會，曾慈慧（現任美國總會執行長）凌晨六時就在原地待命，處理臨時突發情況。

果然，中國代表搜尋美國慈濟的所有資料，對其中兩個美國主流慈善單位的網站，所刊載的慈濟介紹內容有意見，要求修改，第一個馬上就改了，第二個一時找不到負責網頁的人無法修改。

濟捨在電話中懇請美國總會負責公關及聯合國事務的曾慈

葛濟捨的岳母隨女兒們一起移民美國，成為孩子們打拚事業的精神支柱，每年生日，家人都會齊聚紐約，為她慶生。

慧：「不管用什麼辦法都要找到負責網頁的人，否則又要再等一年，變數會更多。」

菩薩保佑，排在慈濟之前的兩個提案單位問題多多，討論又討論，拖延許久，也為慈濟爭取到許多時間，總算在最後一刻完成修改。

最後十分鐘，濟捨遞紙條給中國代表，請求中國代表不要投反對票，盡力玉成其事，讓慈濟能順利完成入聯申請，也可以挪出時間趕赴海地賑災。

終於進行到慈濟的提案，英國率先登高一呼贊成，美國附議，其他國家也逐一附議。他們邀請濟捨上臺回答問題，印度代表問他:「慈濟在世界各地賑災，有沒有到印度賑災過？」濟捨的印象中好像沒有，於是回答：「幸好印度無災難，慈濟不用去沒有災難的印度！」全場代表大笑，解除了審議的緊張氣氛。

事後濟捨查證，發現慈濟確實曾在 2001 年印度地震後前往援建大愛屋。

最後大家的眼光落到中國代表身上，她說：「不反對，因為慈濟在中國境內做了許多善事。」最後主席開始問：「有無異議？」一次，兩次，三次，無有異議，這才拍板定案。

當時慈濟志工們摒息以待，鴉雀無聲，終於在這次通過入聯申請，成功的這一刻，大家都呼出長長一口氣，放下七上八下的心。

2010 年 1 月 25 日，慈濟通過成為聯合國經濟社會理事會具有諮詢地位的非政府組織團體的審議。濟捨百感交集，內心既高興又激動，志工真正以合心、和氣、互愛、協力的精神走完全程，達成任務；7 月經提報聯合國大會正式通過，慈濟成為社會經濟理事會具諮詢地位的非政府組織，實現了慈濟國際化的願望。

濟捨決定全心投入慈濟做全職志工的第一年，曾有一位律師朋友問他：「你是頭殼壞掉還是怎樣？竟然放著醫師不做而做慈濟，是什麼原因讓你做此決定？」他當時很自以為是地說：「我這一生很幸運，所獲得的已太多，希望為人群多付出。」

第二年，律師朋友看到他還在慈濟，再度問他：「你現在還那麼想嗎？」這時已學會謙卑的濟捨回答：「我原以為是去付出的，沒想到在付出的當下卻學到了許多用錢買不到，經書中學不到，祖師大德啟蒙不了的慈悲與智慧！」

## 災難頻傳再出發，墨國有難

2017 年，哈維颶風於 8 月 25 日、30 日兩度登陸德州，豪大雨造成休士頓嚴重水患，超過 70 人死亡、25 萬棟房屋毀損，50 萬人在 FEMA（聯邦緊急事務管理署）登記需要幫助。

美國慈濟挺身而出，前往休士頓越南裔社區、列治文、羅森保、波蒙特、亞瑟港、拉格蘭奇、綠點區、迪金森市、華頓市等地區，展開十場發放，致贈 4,222 戶現值卡與環保毛毯等物資，受惠人數 13,346 人，義診 322 人次；社區關懷 50 戶，清掃 13 戶；全美發動 553 個街頭募款點，馳援哈維颶風災區。

當年美國境內救災行動仍在緊鑼密鼓進行，9 月又傳墨西哥發生地震，黃思賢帶領志工進行長達兩個月的勘災，美國團隊終於在 12 月組隊前往發放，原本這次賑災只有規畫發放，但臺灣醫療團隊有意前往，法師便悲心應允。

濟捨跟「前線」的葛濟覺對話，得知前線有意願促成義診，可是沒有義診的經驗，非常需要美國醫療基金會的幫助；於是，美國醫療團隊開始招兵買馬，黃思賢告知濟捨，法師希望邀約十五位各科醫師前往義診，當時距離大隊前往墨西哥，剩不到二十天。

因為時間倉促，又遇上美國傳統的耶誕節，許多人都已安排要與家人同聚，讓籌備成員的壓力倍增，所幸醫療團隊的主幹如鄧博仁、陳恂滿及陳正香等醫師很快就決定參加，讓團隊吃了一顆定心丸！

濟捨和慈喜也很早就與紐約家人相約過節，並和紐約人醫團隊約好討論未來的醫療展望，為了參加墨西哥賑災，不得已推遲計畫；此外，他們於感恩節期間赴紐約探親及關懷當地人醫會，也乘機邀約東岸志工參加墨西哥義診，廖敬興牙醫師馬上應允參加，也因為見面三分情，許多醫護人員都受邀加入。

楊廉牙醫師向夫人請假，趕上了義診的班車。北加州廖明煌中醫師在第一時間被詢問時曾說：「不可能。」因為他已繳了在職進修的高昂學費，可是當他看到義診的醫師人數大大不足，便決定放棄數千美元的學費，加入義診行列。

大家口耳相傳、廣為邀約，婦產科醫師陳光宇及護理師陳淑燕就是在年度醫療餐會上，也就是出發前兩、三天才答應共襄盛舉。此時前線提出需要婦產科醫師，陳光宇便立即響應。能夠在超短時間內完成組隊，只能說是奇蹟。

那次義診變數非常多，加上準備時間短促，藥品能否準時到達墨西哥還不確定，所以最初只預定了一場義診。

後來，志工朱台柏去深入了解需求後，提出每場發放都應該有義診，因此在美國醫療團隊尚未抵達前，臺灣醫療團隊便率先登場，完成三場義診。

兩地醫療團隊「會師」後，更達成每日一場義診的期待，最後又追加兩場，總共是八場義診，看了接近 4,500 位病人，破了歷年的義診紀錄。

臨時決定的義診點有的是在空曠場地，有的是半完成的學校建築物，這些場地雖不理想，但大家都能用理解配合，沒有人堅持己見，最終都安排得相當完美。

有一天，濟捨看到病患人數超出預期，決定加入看診行列。這時聽說有一位八十歲老奶奶在大門口哭泣，因為義診名額已滿，不得其門而入。他聞聲而去，親自接她進來，聰明的鄉親彷彿找到了慈濟人的「軟肋」，另一位老太太不小心摔了一跤，有點皮破血流，就哭出聲來，又送去給濟捨急診處理，這才破涕為笑！

又有一天，鄉親舉報個案，邀請陳福民與濟捨聯合往診，病人是二十三歲女子，幾年前拋下一雙子女離家出走，不久前才回家與妹妹及子女同住。一週前因故與警察發生衝突，子彈穿過肚皮、打到大腸，因此手術做了人工肛門，至今未拆線，引流管出口處感染流膿，無法縫合傷口。

兩位醫師幫她清出膿及縫線，指導病人妹妹每日清潔傷口，把植入的紗布帶一日一寸往外拔，讓肉從內部長出來，並叮嚀務必等肉長好、排除感染，才能拆除人工肛門導流孔的線。

眾人又費了九牛二虎之力，把病人從床上挪到輪椅，連人帶椅推出窄小家門，來到戶外。陳醫師指導病人妹妹幫她按摩，濟捨及慈喜推著病人繞圈圈晒太陽。

見病人家境貧困，志工贈送營養品及結緣品，然後再把病人抬回去床上。當團隊完成任務要離開，沒想到方才還奄奄一息的病人，竟能自己從床上爬下來，堅持要親自跟大家說「再見」！

陳醫師大感欣慰，他大老遠帶了一大包手術工具，很高興都派上了用場。

在現場接受義診的鄉親，以不同方式表達自己的感謝，有人送上自栽的水果，有人用止不住的淚水、緊緊的擁抱，也有人寫下自己的感恩，一位女士流著眼淚找到濟捨，奉上一張感謝函——

「敬愛的證嚴上人，

衷心感謝您及慈濟團隊為我們帶來的協助，我了解你們皆是有福之人，才能圓滿這次的任務。你們的慈悲行徑，教導我們用同樣的愛，去幫助周遭有需要的人。

我們都是神的子民，我們將彼此相愛並不斷禱告，請求天父持續保佑！

感恩來自慈濟的所有協助！」

還有一位鄉親用詩歌讚歎了慈濟：

「我們的靈魂受到祝福，使我們的心更為明亮，

我們獲得的資助，讓我們感謝生命，

在這當下，成就我們學習的機會。

非常感謝你們兄弟心的祝福～

非常感謝你們給我們的協助～

非常感謝你們伸出的援手，

它讓我們重新站起來，成就我們該走的路～

願我們一代一代的生命，均能如你們的人道仁慈～

它們是光明的泉源，是人道的元素～

感恩和祝福將賜福每一位參與的志工。」

墨西哥地震後百廢待舉，義診團隊為居民帶去了第一次就診的機會，其中很多人都是有生以來第一次看醫師，特別是牙科及中醫針灸。大批居民湧入現場，慈濟人鼓勵當地人彼此幫助。

2018年4月，重災區荷呼特拉市馬路旁仍有大量裸露的電纜，土丘成堆的兩邊住家，有的正在拆除，有的正在重建，也有人在旁欣賞復甦中的小鎮風光。當義診團隊路過，有人問：「慈濟義診包括哪些科？」濟拴表示，每一次義診都會有不同的醫師報名，不會預設任何科別。

過去曾有血管外科醫師報名墨西哥義診，該醫師曾因「外科醫師去墨西哥能做什麼？」而猶豫是否參加。沒想到放下手術刀做「衛生教育」，也是不凡的人生體驗，他發現墨西哥的病人還真多，雖然他沒有機會開刀，卻做了很多衛教，為預防科學做出貢獻。

還有一位眼科醫師，在義診現場看到很多眼球上長了一層翼狀胬肉的病人，外觀既不好看，視線也會模糊。他自認有能力修復，開刀工具、麻醉藥也都隨身攜帶，便在墨西哥做了許多過去義診無法進行的手術。

濟拴說，義診現場能做多少事，由醫師本身做決定，不用擔心沒病人，各憑本事放大人醫會的功能。

更重要的是，志工團隊一定要邀約當地的醫護人員，美國團隊能舉辦多少義診不重要，主要是陪伴，以身作則鼓勵當地醫師，他們受到感動自然願意承擔當地的義診，慢慢就能自給自足了。

除了大醫王各司其職，慈喜也陪伴非專業志工承擔前置、路線引導、各醫療站助理工作、義診報導、香積等缺一不可的工作，甚至考慮病患等候就診的時間或有焦慮情緒，為了安撫鄉親，還準備了歌舞手語帶動，並講述「竹筒歲月」的故事，鼓勵鄉親付出一分心。帶動鄉親從災難後的苦楚，走向陽光燦爛更是艱難，醫療活動幹事張慈施全程熱情投入，功不可沒！

2019 年 9 月 19 日是疫情前的最後一次行動，慈濟人在當地展開十場發放，有 10,355 戶人家受惠。

2017 年墨西哥大地震後，美國醫療團隊以每季一次的頻率，直到新冠疫情肆虐才暫停，期間濟捨帶領八個梯次的義診團隊前往墨西哥，總共舉辦三十四場義診，也帶動當地志工及大醫王，持續在當地提供醫療服務，為災難後的墨西哥帶去希望！

## 佛教建天主教堂，窮人求診

曾經，厄瓜多四季如春的海邊小鎮卡諾亞平靜無波，小鎮居民享受著看似永遠的風景如畫，家家戶戶門前皆是大樹，凡綠蔭處必有掛籃小床，鄉民慣用搖擺的姿態說慵懶；渴了就上樹摘椰子，土壤肥沃的果園總是豐收，出海便有漁獲，此外還有觀光客定時上門光顧旅店及土產店的生意，漸漸地，鄉親們竟忘了憂愁為何物？

然而，2016 年 4 月的一場規模 7.8 地震，搖醒了鄉親的美夢，摧毀他們的家園，當他們驚惶失措地自吊床滾落地面，來不及回過神來，卡諾亞小鎮的地標——天主教堂就在鄉民的驚呼聲中，夷為一片廢墟，修女梅賽德斯（Mercedes）徘徊在斷壁殘垣之間，彷彿聽見心碎的聲音……

梅賽德斯修女流淚禱告：「神啊！請指引我，怎麼樣才能重建教堂？」沒過多久，慈濟人藍天白雲的身影就來到她的面前，滿面笑容地給她溫柔的擁抱，為她輕唱慈濟的歌，讓梅賽德斯修女感到前所未有的感動，「難道，慈濟人是天主

EL UNIVERSO
Martes, 16 de julio de 2019 5

Con una ceremonia budista, se realizó la inauguración de la iglesia y complejo parroquial San Andrés de Canoa, que fue afectada por el terremoto del 2016.

EL TEMPLO FUE RECONSTRUIDO LUEGO DEL TERREMOTO DEL 2016

# Iglesia fue inaugurada en parroquia manabita

**Fundación taiwanesa** aportó para levantar la edificación. Fieles agradecieron por la colaboración.

JUAN BOSCO ZAMBRANO
SAN VICENTE, MANABÍ

El monseñor Eduardo Castillo, administrador de la Arquidiócesis de Portoviejo, presidió la entrega de la iglesia San Andrés de Canoa, la cual resultó afectada en toda su estructura por el terremoto del 16 abril de 2016, que devastó principalmente en varias zonas de la provincia de Manabí.

En un ceremonial budista de agradecimiento por las bendiciones recibidas participaron autoridades del cantón, las personas que colaboraron con la obra, sacerdotes y los feligreses del sector.

Juan Carlos Loor, párroco de San Vicente, recordó que el templo y complejo parroquial fue construido con aportes de la Fundación budista taiwanesa Tzu Chi USA.

La alcaldesa Rossana Cevallos expresó frases de bienvenida y agradecimiento a los integrantes de la fundación budista taiwanesa Tzu Chi USA, representada por Han Huang en el acto inaugural de la iglesia y complejo parroquial San Andrés de Canoa.

La obra financiada por la fundación budista taiwanesa Tzu Chi, que aportó con el valor total de la edificación, que asciende a los $ 2 millones.

Ofrendas, oraciones y cánticos ceremoniales, intervenci
nes de representantes de
Iglesia católica, de los donant
y de la comunidad cristiana
Canoa, además de entrega
cartas, placas de recon
miento, obsequios, actuacio
artísticas y el simbólico cort
cinta, fueron parte del or
del día preparado para este
portante acontecimiento,
congregó a considerable c
dad de personas en el te
recién inaugurado, el p
sábado.

El Municipio aportó
realización de trámites
pertinentes, para poder
la obra, cuyo estimado
cución fue un año y en la
empleó mano de obra l

Los fieles del sector
traron agradecidos por
tura de esta iglesia, ya
nían hace un año y m
lizando las actividade
sas en una sala imp
prácticamente al aire

Katia Lara Guadan
deció a todos los qu
posible que se cons
casa de Dios, porqu
rremoto perdió am
liares, viviendas. "C
de los días fui sup
odisea, pero había
recién se ha llenado
tura de la casa d
Lara Guadamud.

Durante el acto de inauguración de la edificación participaron varios invitados, entre ellos, religiosas.

2019 年，卡諾亞小鎮地方報紙大篇幅報導慈濟援建的天主教堂啟用典禮，這是厄瓜多小鎮破天荒的大事。（攝影／鄭茹菁）

聽到她的禱告之後，為卡諾亞送來的藍天使？」

援建計畫的總指揮葛濟覺，是濟捨重點栽培的國際賑災靈魂人物，從2016年地震勘災至今，葛濟覺來回厄瓜多十九次，盡心盡力為鄉親重建家園，讓濟捨感到十分欣慰。

五十三年前，慈濟曾有一段「上人與三個修女」的因緣；五十三年後，當證嚴法師得知厄瓜多有三位修女，地震後守在倒塌教堂旁帳棚裏，不肯離去時，他決定實踐當年論法的精義，鼓勵慈濟人集合有心人，發揮力量，協助重建教堂。

2019年7月13日天未大亮，厄瓜多曼納比省（Manabi）的卡諾亞教堂已熱鬧滾滾、喜氣洋洋，小鎮上的大人小孩全體總動員，一起來關注這場社區大事——天主教堂啟用典禮。

鄉親穿上自己最好的衣服，帶上自製的祝賀禮物，扶老攜幼走向卡諾亞的新地標，教堂裏坐著的、站著的、擠在門口進不來的、透過窗戶眺望的，保守估計大約有七百人出席盛會，教堂落成意味著慈濟在厄瓜多長期慈善計畫豎立了新的里程碑；而濟捨帶領的醫療團隊則為長期勞動、一身是痛的厄瓜多鄉親們帶去了醫藥服務。

這是濟捨第二次到厄瓜多，當他 2017 年前往墨西哥賑災時，遇見厄瓜多志工珍妮佛（Jennifer），她挺身為厄瓜多災民請命：「厄瓜多比墨西哥更早發生地震，為什麼慈濟去了墨西哥做義診，卻沒去厄瓜多做義診？」濟捨認真思考，發現厄瓜多很需要醫療資源，所以慈濟去了！

慈濟人穿著藍天白雲的制服，被很多友邦人士尊稱為「藍天使」，可是濟捨說：「在佛教，我們不稱天使，而是菩薩。為什麼呢？」雖然天使及菩薩都是熱心助人者，但天使是神派來的，菩薩是自己發心來的，凡人可以變菩薩，你我皆可以是菩薩，只要有愛心，願意去幫助別人，就是菩薩。

在場的厄瓜多鄉親紛紛站起來致敬，個個都拍紅了手掌，當主持人邀約鄉親：「要做菩薩的人請舉手！」此起彼落的大手小手連成一片，呼應了濟捨的邀約。

7 月 15 日，濟捨帶著醫療團隊前往聖馬刁小鎮展開連續兩天同一定點的義診。前一晚出海捕魚的漁夫，踏著月色揚帆而去，唯有三三兩兩的漁船停泊在聖馬刁海灘，為沒落的漁村小鎮增添了幾分寂寞顏色。不遠處揚起一片旗海，那是慈濟在小鎮舉辦義診的現場。

聞風而來的大人小孩，走向臨時搭起的帳棚區，義診的入口阻斷湧入的人潮，鐵欄內已坐滿前一晚八點就來排隊佔位置的鄉親，鐵欄外的隊伍有著焦急的眼睛及疲憊的身影，深怕錯過了義診。濟捨心生不忍，請志工將老弱婦孺迎向另一個臨時搭起的帳棚，為他們遮擋戶外火毒的大太陽。

鄉親們聽說華人的針灸可以治療疼痛，長年過勞、辛苦工作的鄉親，想牢牢把握住這次機會。

聖馬刁小鎮人口 5,500 人，只有一家醫院、一家藥局，公家醫院只能看小病，因為求醫者眾，常常掛不上號；感冒的人就自己花三、四美元買成藥吃，遇有大病就得搭巴士去大城市求醫，每次看病收費二十美元。複雜一點的病則要到更遠的大城市，等候轉診的時間最快也要二至三個月，「求醫」對當地民眾而言，可謂另一場災難！

曾於 2016 年參加慈濟「以工代賑」的實習護理師布蘭妮絲對志工說，「聖馬刁最需要的是專科醫師，尤其是眼科，必須到外地去找眼科醫師，或者花大錢請醫師到府看診，配一副眼鏡得花一百美元，居民根本負擔不起。」

由於參加義診的人數爆棚，濟捨遂投入看診的行列，護佐伊莉娜對他說，「漁夫是辛苦的工作，起早摸黑，風吹日晒，海水很冷，漁獲很重，海上作業時間超長，每磅漁獲只能賣兩元。」她的丈夫是跑遠航的漁夫，出海四十天才會回家，所以她最能夠深刻體會漁夫的海上悲歌。

六十九歲的漁夫東明多打漁五十年，直到病痛纏身才卸下「漁夫」的頭銜，在其捕魚生涯之中，一個人支撐四口之家，每日漁獲平均五美元，有時一無所獲，過著靠天吃飯的日子。他說：「微薄的收入買米，海裏的魚就是他家恆久不變的菜。」

東明多向濟捨要求看中醫，因為長時間把手泡在冰冷的水裏，肩膀扛著沈重的漁具或漁獲，他從頭到腳都在痛，寄望針灸可以一「針」見效，從此改善他的生活品質。濟捨問他如何知道針灸可治療疼痛，東明多無奈地說：「我還能怎樣呢？我又沒有錢看醫師！」

有一個病人求醫，開口就要這種藥、那種藥，醫師花了很多時間問診、檢查，發現病人有糖尿病、心臟衰竭、帶狀泡疹等毛病，而且腳腫到走不動，卻以為吃藥就會好，根本不知道自己的病情嚴重到什麼地步。濟捨嘆氣說：「這就是為什麼慈濟推廣衛生教育的緣故，落後國家對疾病的認識真的不夠。」

至今，義診已在厄瓜多服務兩、三千位病患，感動了許多醫師及志工投入義診行列。2019 年的厄瓜多行，濟捨號召當地醫護人員成立人醫會，鼓勵他們就近照顧鄉親的健康。受惠的鄉親牽起慈濟人的手，眼中泛淚光，連聲感恩慈濟人的一路陪伴！

# 5.

# 領單投入 戰「疫」時代

## 2020 美國淪為疫情重災區

早在 1 月 25 日，濟捨已觀察到疫情失控的跡象，儘管當時仍在農曆新年期間，很多志工回臺灣過年，但是疫情延燒刻不容緩，身在美國的濟捨受命負責抗疫行動，於第一時間召開會議，討論募款採購防疫物資事宜。

## 期盼組織年輕化，青出於藍

美國是一個資本主義國家，遺產稅稅率高達 45%，如果能在生前做好遺產規畫，就可以降低遺產稅，將部分資產在百年後捐獻慈善機構，留德子孫，遺愛人間。美國有很多人把大筆遺產捐做公益，已成習慣。濟捨擔任財務規畫師時，經常勸告人們做好遺產規畫，把遺產稅降到最低。

他認為，美國慈濟的醫療、教育志業，若要永續經營需要龐大的善款，應該設立永續營運基金，以確保慈濟在美國可以永續發展。像諾貝爾獎金能持續百年以上屹立不搖，就是靠一筆「母金」生「子金」，不動用母金，只拿出部分子金來運用，才能永續下去。

濟捨想到，很多志工歡喜付出，但礙於現實需要，無法動用資產，只能小額捐款，如果做好遺產規畫，指定部分資產作為慈濟慈善基金，不僅可以奠定慈濟永續發展的基礎，也可以讓自己的愛心永遠延續。

一般而言，一個有正當職業、懂得儲蓄計畫未來的美國居民，退休後大約可以累積幾十萬或上百萬資產，假如每個人願意捐兩萬美元，一萬人就有兩億美元，是慈濟在美國一年募款的十倍，如果有一半的會眾願意加入，慈濟就能奠定百年的基石。「計畫性慈善捐贈」的推動，在濟捨眼中勢在必行，現在不做，未來會後悔！

2012 年 2 月，濟捨回臺灣向證嚴法師報告這個構想，不僅獲得法師贊同，還任命即將卸任美國總會執行長的他，除了轉任副執行長，同時兼任永續募心發展室主任，推動計畫性慈善捐贈，尊稱願意百年後捐贈部分資產給慈濟的善心大德為「大捨護法」，成立「大捨護法聯誼會」。

濟捨表示，此「計畫性慈善捐贈」讓人們在意識清楚、自己能做主時，就把資產捐贈配置妥當，對參與者來說是一種心願的達成。為推廣永續募心的觀念，他於全美展開巡迴宣導，獲得許多人的認同，紛紛加入「大捨護法聯誼會」，為慈濟的永續發展，貢獻一分力量。

為讓大家順利完成計畫性慈善捐贈的心願，永續募心發展室除了尋求專業人士的協助外，也規畫了一系列「計畫性慈善捐贈講座」，邀請財務規畫師、會計師及律師等，解說相關的專業知識、開疑解惑。

濟捨舉了一個實例，北加州有一位善心大德，生前特別委託律師要將兩百五十萬美元財產捐給慈濟，由於沒有做生前信託，只是在遺囑上註明，往生後所有遺產都必須經過法院認證，至少要等一年半到兩年的時間，慈濟才能拿到此筆善款，事後的法院認證費、律師費及其他費用，高達二十五萬美元。因此，濟捨希望大家可以從中學習到寶貴的一課，在生前做好法律規定的所有程序，把每一分捐款都保留下來行善助人。

他又分享了北加州電子工程師張文豐的故事。張先生擁有自己的公司，事先規畫剩餘型慈善信託（Charitable Remaining Trust, 簡稱 CRT），將慈濟基金會設為受益人。這是既智慧又正確的計畫性慈善捐贈，不但可以節稅，留德子孫，遺愛人間，生前生活也能得到照顧，無後顧之憂。

「我們的目標不只是在美國的華人，更希望能打入非華人的世界，因為慈濟是有公信力的慈善團體，我們希望透過這個辦法，更進一步募心，也就是菩薩大招生。」這就是濟捨，永遠有著源源不絕的創意理想，讓他成為一位喜捨在人間的夢想家和實踐家。

擔任美國總會六年執行長期間，濟捨最感自豪之處，就是幫助慈濟成為聯合國經濟社會理事會具諮詢地位的非政府組織，以及將美國總會執行長的職位傳承給黃漢魁這兩件事情。

成為聯合國系統內非政府組織是國際社會對慈濟的肯定，職位的傳承交接則是自我負責的態度。他覺得執行長的任期不能太久，且要不斷培養提攜後進，慈濟才能永續經營下去。

他對黃思賢說：「我希望當個表率，上臺多用心，下臺瀟灑護持，立下傳承的典範，讓各分支會聯絡點幹部了解傳承的重要，使後繼人選有跡可循，讓大家都能做負責人，人人有機會當執行長。」

當年接任美國總會執行長的黃漢魁，具生化博士背景，曾任總會行政祕書室主任、副執行長，為人謙卑，待人和善。當濟捨公開表示要交接職務給他時，大部分的人都認為他還需要再磨練，只有濟捨獨排眾議。

濟捨明白，承擔執行長一職，壓力不小，在黃漢魁剛上任那段期間，他總是盡可能輔佐，分享經驗。然而，因母親年事已高，除了致力於「計畫性慈善捐贈」的推動，濟捨也常回臺灣陪伴老人家。

多年來，母親總是隔著千山萬水噓寒問暖。濟捨想起了小時候，有一回，母親騎腳踏車要接他放學回家，他卻怕同學恥笑而跑進田埂裏，讓母親在後面追個不停……當歲月悄悄溜過，母親再也跑不動了，讓濟捨有很多的不捨。

母親逐漸步履蹣跚，濟捨卻忙著為慈濟國際賑災而奔波，未能長時間承歡膝下，成了他最大的遺憾；看著母親日益老去的身軀，他常忍不住在心裏流淚。

有一次，他們到日月潭旅行，湖光景色秀麗，他牽著母親的手走了一大段路，雖然彼此沒有對話，但是母親的臉上流露出滿足的笑容，濟捨也得償陪伴母親的心願。

2013 年 3 月，母親年邁離世，濟捨內心深藏的一句話，還來不及說出口：「對不起，那麼長一段時間，沒辦法陪在您身旁。」所幸，母親滿足的笑容，填補了他的遺憾。

2014年，濟捨回臺灣參加慈濟董事會，證嚴法師當場點名：「濟捨，你應該已經休息夠了吧？」他一時語塞，猶豫了，一是他還有年邁的父親需要陪伴和照顧；另外既已傳承，他想「沈潛」，退居幕後陪伴年輕幹部。

憶及當日情景，濟捨忍不住流下眼淚說：「我很努力做慈濟，但總感覺自己本性就不適合做領導者的角色。做執行長需要有『樂觀、進取、積極』的個性，『不在意旁人說三道四』的豁達，而我卻是一個既保守，又擺脫不了旁人眼光，甚至是不夠積極的人。」因此，他覺得自己應該再沈潛、再學習。

從小到大，濟捨從沒有真正想做一個領導者，每次都是做那種「沒人要做」的領導。高三那年當班長，就是因為大家都希望好好準備聯考，不願意接班長的工作，他是被推舉後才勉強做的。

擔任慈濟長島負責人，也是因為怕慈喜身段不夠柔軟，才挺身而出。後來，他知道這叫「使命」，便認命了；六年總會執行長生涯，自己給自己打了分數，勉強及格而已。

濟捨也沒有享受過當領導的成就感，做老闆時，他不感到威風反而覺得頭痛，做慈濟更是不容易，必須要有大願力。這就是為什麼當證嚴法師在董事會問他，能否承擔醫療基金會執行長時，他感到不知所措的原因所在。

但是他不能讓法師失望，所以回答：「我盡力！」在濟捨的字典裏，不會輕易放棄自己答應的事，一定使命必達。這時，他得放下自己不喜當領導者的本性，勉勵自己把心練得很強，強到可以克服任何境界；有時又得練得很弱，弱到不將任何阻力視為阻力。

法師在董事會當眾任命，讓濟捨再度承擔美國慈濟醫療基金會執行長。

## 再度承擔為使命，深耕社區

歐記健保（歐巴馬總統提倡的健康保險）於 2010 年簽署實施，四年來既有的問題未見解決，又衍生更多的新問題，美國醫療保險前景堪憂，很多人空有保險，卻找不到願意看診的醫師。這時，美國慈濟醫療就像黑暗中的一盞燈，及時送溫暖給貧病交迫卻不知往何處就醫的人家。

「人生八苦，病苦為最」，既然慈濟是慈善助人的團體，為窮人治病是最實際的幫助，志工們也很喜歡做醫療服務，但礙於法令規定，醫師一定要有行醫執照及醫療保險，尤其是加州法令要求特別嚴格。這些涉及法律的事務及醫療人員的招募，都是濟捨必須克服的。

由於美國幅員廣闊，許多偏遠地區仍缺少醫療資源，慈濟為服務廣大弱勢民眾，2000 年大愛醫療巡迴車應運而生，以活動式診間方式，將醫療服務觸角延伸出去。

目前，大愛醫療車提供的服務包括牙科、眼科、攝護腺癌篩檢及預防醫學（流感疫苗注射）等，優點是成本低、申請執照簡單、操作容易、動用人力少，及良好的活動性。

濟捨希望大愛醫療車多多出動，不要閒置，自他接任執行長後，在幅員兩小時車程的社區，每月派車一次定點追蹤服務，如今已有十輛大愛醫療車在全加州社區提供服務，第十一輛將於 2023 年進駐內華達州拉斯維加斯市。

隨著美國醫療體系的改變，2005 年南愛滿地（South El

Monte）成立的門診中心，包括西醫、中醫針灸及牙科，首開收費制度，服務「無保險的低收入民眾」。2008 年，南愛滿地門診中心增設中醫及心理輔導室，定期舉行「「健康社區」推廣課程。

濟捨秉持證嚴法師的教誨，鼓勵醫療團隊：「慈濟的醫師不僅要醫病，還要醫人及醫心。」2010 年，威明頓（Wilmington）醫療門診中心也成立了，特別注重日常的健康保養，每週定期推出氣功班及心理治療。由於市民的認同，威明頓市政府還核准了一筆補助款給門診中心。

歷經二十五年的歲月洗鍊，美國慈濟醫療志業從義診中心、社區門診中心到醫療中心，再加上全美人醫會的醫護志工，將醫療服務更普及化。

面對轉型的挑戰，濟捨希望去除義診模式後（不再使用「義診中心」，改稱「社區門診中心」，接受各種醫療保險），既能提升醫療品質，又能保留義診的服務對象；並期待新接引的專業醫療志工，既能貢獻專業技術，又不失慈濟人文。

但因為社區門診中心的成立，需要經驗的累積，濟捨建議各地人醫會還是先從義診做起，累積經驗、匯聚愛心，只要過程充滿「愛與關懷」，一定能夠募到更多志工與善款，投入大愛醫療的行列！

他分析，義診的天時、地利、人和等條件，缺一不可。天時（Money）考慮幾時要花錢？要多少錢？地利（Location）是針對哪個地方？人和（People）就是團隊是否達到共識？義診要怎麼做？照顧病人的同時，志工的安全考量也很重要。

面對日新月異的保險制度，濟捨帶領醫療團隊研究法律條文，同時用心研究申請「聯邦認證」的可能性。

在濟捨的領導下，美國慈濟醫療基金會由保守走向積極，從醫療講座及預防醫學進階到全面性的社區醫療服務，有條件地增加定時定點的「門診中心」、非定時定點的「大愛醫療車」、與主流社會合作的「義診」，以及呼籲全美總動員的「健康社區促進」。

濟捨說：「在我們邁開大步向前走之前，應該確定做好準備，每一位志工都應該接受嚴格培訓，學習相關知識及技能。醫療服務是最容易犯錯，最可能牽涉訴訟的志業，但為了守護社區的健康，人醫會決定做『對』的培訓，做『對』的事。」

他也語重心長地表示，「菩薩大招生」是醫療服務的最終目的。「良醫難尋」是一大挑戰，忙著看病賺錢的醫師，如何捨得花時間免費看病？接引醫師有時要看機緣，有的人是天生有愛心，不請自來當志工；有人行善最樂，做志工可得到快樂；有人尋覓生命的價值，志工服務可填補生命的空虛。儘早通知義診活動時間，讓有意參加的人早做安排，愈早通知，成功接引的機會愈大；邀請醫師參加人醫會團隊或參訪慈濟，也是感動醫師加入愛的行列的有效途徑。

慈濟不只要接引專業及非專業志工，還要接引主流社會的社區志工，包括個人及慈善團體，甚至參加義診的病人也是接引的對象。只要做對的事，必能感動周遭的人群，進而帶動善的循環，守護全美各社區的健康。

為了及時分享醫療資訊，美國慈濟醫療志業舉辦人醫會營隊，來自全美各地的醫療志工雲集於聖迪瑪斯總會，藉由彼此經驗，規畫未來的醫療服務。濟掄表示，營隊的新目標就是為「美國人醫會畫出未來的藍圖」。

人醫會在很多地方辦過義診活動，但是在「追蹤個案」方面似乎有待加強，「從現在起，醫療服務不再是一個人或慈濟的事，應該呼籲社區總動員，經由義診活動讓大家看到慈濟在做什麼，進而護持慈濟，出錢出力一起做更多的服務及貢獻。」濟捨說。

電子病歷系統（Electronic Health Record，簡稱 EHR）是為慈濟義診量身訂做的一套軟體，記錄就醫資料，方便志工追蹤曾就醫的病人及病史。透過這個軟體，有效提高義診的效率，在佛雷斯諾社區的運用頗見成效。

2015 年，美國人醫會營隊有史以來第一次全程以英語進行培訓。來自聖塔羅莎（Santa Rosa）的葛雷克（Greg Tylawsky）看到醫療志業為招募主流志工所做的努力，全程英語發音方便非華語志工融入慈濟。

美國醫療志業從免費的義診中心，到歐記健保問世後轉型為社區門診中心，服務對象擴大到整個社區，而不限於沒錢沒保險的少數人。也因為這個改變，可以有條件地向各保險機關收取費用，達到證嚴法師期許大家「就地取材，自力更生」的目標，希望未來醫療志業能自給自足，永續發展。

## 全球人醫聚論壇，美國開講

「全球人醫論壇」是慈濟國際人醫會的年度大事，由各國人醫會輪流舉辦，2019 年 3 月 29 日至 31 日輪到美國主辦，來自全球十六個國家、五百位學員，齊聚聖諦瑪斯總會園區，參與第五屆「全球人醫論壇」。

洛杉磯縣長巴格（Kathryn Barger）到場頒發感謝狀，表揚美國總會及醫療團隊。巴格縣長娓娓道來，1993 年慈濟在加州阿罕布拉市成立義診中心，正好是她的選區，親眼見證慈濟為新移民及貧苦居民免費提供醫療服務，二十六年不變的義行，她表示：「政府不是無所不能，需要每個人一起來幫忙；今天我們到此參加『人醫論壇』，就是以行動護持慈濟。」

全球人醫會執行長林俊龍（首任美國慈濟義診中心主任）回憶，1993 年為阿罕布拉市義診中心剪綵開幕彷若昨日情景，一晃二十六年過去了。他提到當時許多政府單位頒獎給慈濟，諸多官員感歎大多數初到美國的移民，想的都是如何取得各種醫療福利，而慈濟不僅不向政府尋求資源，反而主動提供醫療服務給窮苦的人。

其實早在 2018 年，時任醫療基金會執行長的濟捨已帶領團隊著手規畫，摩拳擦掌準備大規模的全球性學術論壇。2019 年人醫論壇的主題為「健康心覺醒」，濟捨在主題加一個「心」字，原因是一切行為都起於心念，想要健康覺醒，就要從「心」開始；先改變心念，再從生活起居、飲食角度促進健康；生病要看醫師促進健康，預防生病要注意心理健康，所以是身心靈全方面保健，前提是呼籲個人的覺醒及心念的改變。

在課程內容的規畫上，濟捨兼顧地區性和內容的平衡，講師來自臺灣、美國及各國人醫會，學員包括醫師、護理師、針灸師、藥師、復健師等，除了一般性的醫療課題，也有特定專業內容。

臺灣團隊帶來醫療人文的經驗分享，美國團隊提出中西醫結合的醫療成果，其他地區人醫會代表分享各科專業內容，並帶入癌症新視野、癌症治療的新里程碑、身心精神疾病的了解和探討，以及正念減壓等熱門主題。

除了課務安排、迎賓服務之外，大會邀約大量志工提供完整的後勤支援，各功能組包括香積、生活、交通、總務、機動及人文真善美等，共有十七個功能組為論壇提供強而有力的後盾。

濟捨還邀約很多年輕人，包括慈青及慈少來支援課務及承擔隊輔，除了讓他們探討醫療專業，也讓他們熟悉慈濟如何舉辦大型活動。

從年前開始蒐集名單，透過網站、手機、社交媒體傳送出大約 1,500~2,000 份邀請函及大量海報；此外，又與加州大學洛杉磯分校（UCLA）合辦中醫藥文化節，接受鳳凰衛視採訪；舉辦二十五周年醫療感恩會，邀約醫療人員前來參加。

為鼓勵專業志工參與，美國慈濟醫療基金會特別在「人醫論壇」提供醫師、護理師、牙醫師及針灸師等在職進修學分，並邀請專門頒發學分的機構來執行，可謂用心良苦！

濟捨希望藉由辦全球活動帶來的挑戰提升視野，結識不同醫療領域人員，讓慈濟有更大的成長。舉辦「全球人醫論壇」

對美國慈濟三十周年的最大意義，在於志工合和互協呈現的成功典範。

## 醫療添丁換新血，朝氣蓬勃

為了壯大醫療志業的隊伍，濟捨不僅看重資深慈濟人，更將眼光放高放遠，尋覓有實力、肯努力的年輕人，期待新血的加入，讓醫療志業更能永續傳承！

2019 年，加拿大慈青學長王誠駿已在銀行工作，他不僅閱讀慈濟刊物、收看大愛電視臺節目，也常參加慈濟活動。每當前往中國大陸或香港出差，他會特地在臺灣轉機，停留一、兩天，搭火車回花蓮靜思精舍。

有一年三月初春，王誠駿在出差轉進的過程中，參加了靜思精舍舉辦的朝山活動，在新講堂遇見黃思賢。得知王誠駿的背景，黃思賢當下就提出邀約：「你要不要考慮到美國慈濟工作？」當時，王誠駿在加拿大的工作十分忙碌，無法立即前往美國，但仍想以志工方式參與付出。

到了八月，王誠駿參加美國慈濟舉辦的營隊活動，並擔任隊輔。營隊期間，他碰到墨西哥聯絡處負責人野村賢，他們同是慈青學長，野村賢的女朋友是加拿大人，因此倍感親切，當下便接受邀約參加墨西哥義診。

最後一天圓緣，請到慈青口中的「思賢爸」分享，並親手發結緣品給學員。當黃思賢將結緣品遞給王誠駿時，驚喜地說：「哎唷！是你呀！你可不要先走，老爹有話要跟你聊一聊！」原本活動後馬上要回溫哥華的王誠駿，只好留下聊了一會，雙方約定墨西哥義診後再深談。

也是那趟墨西哥之行，王誠駿認識了濟捨及慈喜。王誠駿在墨西哥義診中協助整理醫療器材，當濟捨得知他來自加拿大，便親切地與他話家常，因為濟捨也有家人定居加拿大，彼此談了一些慈濟加拿大的近況後，濟捨又關心詢問他的學業與事業！

其實王誠駿是抱病去墨西哥參加義診，但他信守承諾去了。墨西哥行程結束前，又接到黃思賢電話說：「務必先飛洛杉磯再敘。」期間，時任美國總會執行長陳濟弘及副執行長黃漢魁都誠摯表示，希望他能到美國接掌總會職務，王誠駿開始認真考慮全職投身慈濟。

黃思賢邀請王誠駿參加美國總會三十周年慶，屆時有來自靜思精舍的師父，及各地慈濟人出席，是很難得可以彼此認識的一個機會。王誠駿已安排前往中國大陸出差，無法全程參與，但答應最後兩天會到。

他風塵僕僕地從中國大陸飛加拿大，再飛美國，然後在舊金山轉機去洛杉磯。冬天下雪，一路折騰，直到當天很晚，才到達總會園區。這時，濟捨與慈喜已加入了徵召王誠駿的行列，但王誠駿仍然因工作簽證等因素，不克前往美國工作。

一直到隔年一月底，王誠駿再度應黃思賢之邀來美，一下飛機就接到慈喜的電話，邀約王誠駿先到慈濟醫療中心會談，濟捨當場邀約他加入醫療的行列。而王誠駿早已在十幾年慈青歲月中聽見、看到種種迫切需要幫助的天災人禍，這兩年更參與多次醫療服務而心生感動；幾次跟著濟捨參與董事會議，更深深體會證嚴法師的期望。雖然明知任重道遠，但在這麼多長輩的鼓勵下，王誠駿明白自己應該乘著年輕，為醫療志業盡力付出。

王誠駿感受到濟捨與慈喜的熱忱接引，終於決定放下加拿大的事業，答應承擔美國慈濟醫療基金會副執行長暨營運長，也經常向濟捨請益，並學習如何帶領一個團隊。

濟捨也以身作則，提醒他：身為領導者，凡事不要唯尊己意，因為每一個人都有自已的觀點，也有不同的做事方法，要給人家一個表現的機會去嘗試，直到看出絕對行不通，再來調整也未晚，這也就是「人和萬事達、家和萬事興」的道理。

王誠駿深有同感，無論在社會職場做事，或在無私奉獻的志工道場，都要以尊重為基礎，自我精進努力為前導，輔以愛語作鼓勵，做一個稱職的帶領者，這是王誠駿踏入職場十六年對自己的期許，也是濟捨接引年輕人的選擇標準。

## 喜獲美聯邦認證，新里程碑

當美國主流保險制度逐漸擴大到全民保險，面臨轉型的美國慈濟醫療基金會在濟捨的帶領下申請「聯邦認證醫療中心

（Federally Qualified Health Centers，簡稱 FQHC）」的許可。聯邦認證分兩個階段，一個是「聯邦標準（Look-alike）」，一個是「聯邦標準」被批准後，才可以申請的「聯邦認證」。

聯邦認證的醫療中心或健康中心都可以得到政府補助款，每年大約 60 萬美元，甚至還有其他的醫療經費可以申請。這些款項，主要是用來增加服務項目或新設診所，以造福更多低收入民眾。

自 2017 年致力於 FQHC 申請，濟捨及醫療團隊在三年半期間克服萬難，終於在 2020 年 3 月遞交申請書， 7 月 15 日至 17 日接受聯邦「醫療機構認證聯合委員會」安排的「雲端虛擬現場評鑑」，一次就通過有十八個醫療類別高標準的嚴格審查，10 月 26 日通過「聯邦標準」認證。

為爭取通過，醫療團隊大刀闊斧做了許多變革。首先，聯邦認證對非營利性醫療機構董事會組成有嚴格規範，董事會成員需包括病人及社區菁英人士，慈濟為兼顧各類族群代表，增加了兩位西語裔董事。

其次，為達到聯邦的病歷資料建檔標準，詳盡記錄病人資料，不光是病歷要電子化，還必須換用可與聯邦大數據資料庫接軌的電子病歷系統（EHR）。

簡單來說，即需要病人配合填寫更多的必要表格，用以輸入聯邦醫療大數據中，光是病歷完整建檔，都不免會引起病患的抱怨與質疑，需要醫護團隊用耐心和愛心來執行。

聯邦認證的申請作業繁複，美國慈濟內部當時無相關專業人才，濟捨決定向外尋覓有經驗的顧問。

歷經數月甄選出三人：第一位是遠在北加州沙加緬度（Sacramento）的蓋瑞（Gary Bess），他的團隊經驗豐富，在申請認證早期，評估慈濟醫療所在地的服務對象是否合乎 FQHC 的要求，然後從規畫到研究內容、交報告，循序漸進，並嚴格審核及更正送件的文書，為醫療團隊節省了許多時間精力。

其次，是計畫經理 （Project Manager）一職，濟捨發現南加大碩士官玉婷年輕有為，決定委以重任。她認真主導安排及督促每一個行程，成為計畫部門的靈魂人物。

診所作業方面，當年的醫療長鄧博仁與醫護同仁專注於臨床診所運作及相關規定，為 FQHC 奠定良好的基礎；蓋瑞團隊及醫療基金會志工醫師 Dr. Khoo 針對醫療診所的行政與運作管理提供協助，成效斐然。

同時，財務部門也需大幅度地優化，所幸在約翰（John Pazirandeh）的領導下，化險為夷，成功過關。此外，有會計師資格的營運長王誠駿把關，也讓財務報表更嚴謹。

新改組的獨立董事會有十一位成員，FQHC 要求董事成員必須運作一年以上，才具備提交申請的資格，而慈濟的新董事會在兩年半至三年的準備期間，每月都召開董事會。新任董事陳新恭中醫師專注在品質及人員管理，每個月都參加診所月會，深入了解。

濟捨特別感謝一路陪伴的幾位董事，包括前美國總會執行長黃漢魁、時任教育金會執行長穆家蕙、慈濟法律顧問張天駿、會計師孫美華、實業家葛濟覺及蘇建華、西裔董事 Raul Villegas Macedo 及 Rosa Argentina Macias，甚至遠在臺灣的醫療執行長林俊龍和清修士黃思浩，每一位董事都積極參與了這項劃時代的艱鉅任務。

充滿熱情的慈濟醫療團隊，也為通過評鑑加分不少。黃川祐掌管整個醫療中心的行政運作，從病人抵達診所到看完病拿藥，全程力求提供親切貼心的服務；寶琳・埃博堤是整理電子病歷專家；邱麗珠及安迪亞納・雅克伯掌控品管；慈喜招募及照顧同仁、志工，讓大家安心專注在工作崗位上。

那三年期間，美國醫療針對認證所需評估的十八個醫療類別，持續不斷地反覆自我評鑑與改進，以期達到最高標準。

在「雲端虛擬現場評鑑」的前一週，董事會成員做了模擬及密集開會討論，醫療團隊彙整近五十道題目，讓即將參與評鑑的董事們腦力激盪，反覆演練，做好萬全的準備。

三天評鑑中，美國醫療派出十二至十五位代表參與評鑑，每分每秒都以最認真的態度，呈現慈濟醫療團隊最好的一面。

評鑑分成「診所臨床作業管理」、「財務運作管理」以及「董事會及行政作業管理」等三項主軸，每個主軸都有一位評鑑委員及一位聯邦官員，總共六人，在雲端審視慈濟醫療團隊的服務品質，並審查所有的作業手冊和作業記錄、醫療同仁必須取得的心肺復甦術（CPR）和緊急救難常識的認證，以及醫療人員在職教育等多種記錄。衷心感恩王誠駿盡心盡力帶領年輕團隊，發揮高效率。

評鑑委員在最後的講評中，肯定慈濟醫療團隊並給予高度評價，同時告知不足或需要改進之處。儘管有很大機率可通過認證，但大家仍懸著一顆心，等候四十五天內發出的評鑑結果。

2020年10月26日終於通過聯邦衛生及公共服務部（Department of Health and Human Services）的認證，轄屬三家診所都晉升為「聯邦標準健康中心」。

「聯邦認證」只接受公共及非營利醫療機構申請，必須承諾負起照護社區全體居民的責任，無論病患的身分與支付醫療服務的能力為何，都要一視同仁，提供符合聯邦標準的醫療服務。

接到好消息，濟拴心中非常激動、歡喜和感恩：「比我當年考上臺大醫學系還要高興，因為這不是為個人，而是為眾生；也不是一個人可以成就的大事，而是需要集合眾人之力，齊心一致朝向共同目標，心無旁騖的衝刺，才能達到的！」

濟捨深信，在美國設立一個以服務病人為中心的醫療之家，應該是社區最大的期待！他勉勵同仁及志工：「我們只要高興一天就好，因為明天起還有很多事要做。」

通過「聯邦標準」後，不僅代表診所可接受持用「聯邦醫療保險（Medicare，俗稱紅藍卡）」和「聯邦醫療補助計畫（Medicaid，俗稱白卡）」的病患，更可擴大服務對象。

濟捨舉例說明，過去診療高血壓等慢性病患，大多開三個月處方藥，要求患者定期回診；如今，每位病患都被輸入聯邦大數據系統，接受聯邦政府補助的慈濟診所，可針對較難控制高血壓等慢性病患者，提供更有效且更多樣的診療項目，例如建議患者每兩週回診一次，輔以減重與飲食的健康計畫，提供患者所需的交通服務，以提升社區整體的健康指數。

濟捨表示，過去慈濟以一己之力，點滴匯集善款來照護地區病患，如今得到聯邦支援，當然會更擴大和提升服務規模。

在美國慈濟醫療志業成為 FQHC 之前，仍要在聯邦政府的監督下照章營運。2022 年 6 月 28-30 日連續三天，聯邦政府派遣面試官前往審核，檢閱醫療志業各部門交出的成績單，面試官表示滿意，並讚歎慈濟醫療團隊作業嚴謹、專業與服務並進。

全球志工總督導黃思賢鼓勵道：「美國政府官員對慈濟的醫療人文，以及大家對社區醫療的付出，非常感動，這也是上人常常講的，『我們要更上一層樓，永遠都要用謙卑的心』，廣行菩薩道啊！」

濟捨總結 2022 年度審查：「這一次的評鑑結果，得益於年輕團隊在專業領域做了非常充實的準備。而董事會成員也比較有經驗，懂得如何去完備，讓聯邦政府能夠充分了解我們所做的努力。」

6 月 29 日，美國慈濟醫療基金會董事群齊聚辦公室，和審核委員們在線上相聚。審查委員這次給予 99 分的高度評價，唯一扣分的是財務收費作業，請款時間過於冗長，有的甚至拖到 60 天。

審核委員給慈濟醫療十四天的時間，在看診之後，及時送出至少十個病例的收費請款，讓審核委員看看慈濟醫療是否有能力做到政府的規定及要求，如是，這次審核就可以讓慈濟滿分通過。

在聯邦單位年度審核踏出的這一小步，是美國慈濟醫療志業未來遠景的一大步。濟捨鼓勵團隊：「我們要在這個基礎上繼續努力，讓各州重要的慈濟據點也能得到聯邦認證健康中心的設置，並往多專業科別的醫療中心來發展。」

## 總動員投入戰疫，攜手合作

自 2019 年底起，新冠肺炎疫情（COVID-19）大流行，嚴重打擊全球兩百多個國家。作為世界公民，慈濟調動全球資源及志工投入抗疫行動，美國慈濟人發起「撫平美國疫情線（Flatten the Curve）」運動，鼓勵大家一起守護社區，為全美醫護提供抗疫物資，為脆弱的低收入家庭提供生活資源。

慈濟美國總會及醫療基金會合力募款採購個人防護設備（包括洗手液、手術口罩、N95 防毒口罩、工作服、隔離服、護目鏡等），提供給醫護人員、警察、消防員等第一線工作人員，並向無家可歸者，老年人和無居留證件人士等最弱勢群體提供慈善捐助。

面對逐日失控的疫情，臺灣本會作為後盾，積極協助美國慈濟人採購防疫物資，防疫物資運抵美國後，慈濟人用最快的速度提供全美各醫療機構。

早在 2020 年 1 月 25 日，濟捨已觀察到疫情失控的跡象，當時仍在農曆新年期間，很多志工回臺灣過年，但疫情延燒刻不容緩，身在美國的濟捨受命接手主導抗疫行動。

疫情之初，濟捨考慮到醫院前線的巨大需求，計畫在 2 月 7 日、14 日及 25 日運送三批防疫物資去中國大陸抗疫，然美國當局已意識到疫情將會波及全美，開始管制防疫物資的出口，增加了採購的難度。

濟捨循線透過中國大陸在美的學者專家、醫師教授等大力協助，順利採購到防疫物資，無奈卻受制於中國大陸政府的種種規定，不得其門而入，運送的過程困難重重。當時中國大陸有資格接受國外物資的只有兩個單位，分別是中國紅十字會及中華慈善總會，所幸慈濟與中華慈善總會互動良好，才得以運送物資進大陸。

然而，因為疫情嚴峻，中國大陸的政策一變再變，要求的證照一改再改，導致第三批防疫物資未能及時送出；前兩批防疫物資總共捐贈了 9,600 枚口罩、1,560 枚 N95 口罩、521 副安全護目鏡及 90 組標準預防工具包，供應給當地重災區的醫院前線工作人員。

始料未及的是，詭異的新冠病毒竟調過頭來進攻美國，中國大陸宣告疫情緩解沒多久，美國就爆發疫情，口罩採購運輸必須調轉方向，開始從大陸採購防疫物資運回美國。

幸好，慈濟在十七年前經歷SARS時，已有採購口罩的經驗，比較能夠沈穩應變，疫情早期邀約到很多大陸留學生、教授協助募捐採買防疫物資，熱情的協助給了美國慈濟一個好的開始。

然而，新冠病毒瞬息萬變，倍增慈濟人採購運輸的挑戰。

首先是中國大陸的品管及對外運輸：儘管各家廠商的品質差異很大，卻無阻於來自世界各地的買家，既要搶購又要保證品質優良，採購物資的慈濟人必須謹慎再謹慎，出動志工在太平洋彼岸協助把關。

第二是證照問題：口罩必須有 FDA 認證，否則就會被擋關，從中國大陸出不去，美國也進不來；第三是因爆倉而造成延誤出貨：當時因為進出的貨物太多，常有爆倉的情況，所有的貨物都要排隊進倉，即便能運進倉庫，也不一定有空間可以儲存，造成貨物卡在深圳或其它港口，延遲出貨。

青玄公益基金會是最早捐助慈濟一萬枚口罩並自付運費的團體，起了拋磚引玉的作用；臺灣志工陳香樺捐款護持幾萬枚口罩運費，默默陪伴美國慈濟醫療主導的採購及運輸。

慈喜想到慈青學長林佳宇任美國航空公司正駕駛，他熱心為慈濟牽線，終於感動航空公司協助運貨。為求順利運輸，必須繳付保證金搶訂艙位，醫療基金會副執行長王誠駿的表姊夫毫不猶豫代墊五萬美元，協助物資順利起飛。

在濟捨的號召下，全美慈濟人卯足勁運用各自資源勸募口罩，各地善心大德以高價買下口罩捐給慈濟，再由慈濟進行分配捐輸。

全球志工總督導黃思賢向鄰居募了三萬個口罩救急，北嶺社區組織左鄰右舍投入募心募款，慈濟人還自製防護面罩，李冰冰教授自行採買原料，用3D打印機製作幾千個防護面罩；驗光醫師林孟潔也自行研發防護面罩，全家總動員並邀約志工連日趕製三千多個防護面罩，有效保護第一線醫護人員。

這是美國社會首見，志工主動上門關心防疫物資並提供無償捐贈，各醫院高層直到防疫物資運送入庫都感覺有如做夢一般，他們交頭接耳相互打聽，「慈濟」如何採買到防疫物資？怎麼能夠把「比金子還珍貴」的口罩、防護衣等防疫物資，無條件捐贈給陌生人？

在捐贈防疫物資過程中，濟捨認識了加州大學洛杉磯分校附設兒童骨科醫院副總裁兼首席慈善官邁克爾，他感恩慈濟人雪中送炭：「即使沒有足夠的防疫物資，病童的手術也必須照常進行，我不知如何形容全院上下對慈濟善行的感激！」

拉丁系醫療集團首席財務官艾伯蒂，分享採購防疫物資的心路歷程。當廠商的回應紛紛打出「延遲交貨」的字樣，心急如焚的艾伯蒂上網尋尋覓覓卻徒勞無功，幸好他的女兒在慈濟醫療中心工作，拜女兒所賜，近水樓臺先得「罩」。他說：「慈濟的口罩來得正是時候，及時保護了我們的醫護人員！」

3 月 20 日，美籍皮膚病理學家于勵民透過「微信」發聲求援，告知美國醫師正冒著生命危險「裸奔（缺乏防疫物資）」在第一線。醫者仁心，中國大陸中南大學湘雅醫院皮膚科施為醫師聞訊立即行動，號召大家協助美國醫護人員採購 N95 口罩。

由於中美兩國關係緊張，這群愛心醫師必須低調行事，由施為負責甄選為數不多的 FDA 註冊認證合格廠家，為求謹慎，她向上海的高中及大學同學求援，就近把關；當她的大學同學用最快的速度找到物美價廉的 N95 現貨，當下感覺應該多採購，當場捐獻湊足一萬枚 N95 的資金。

當時上海方尚未敲定報關公司，施為廣發英雄帖尋求協助，志工奕艷推薦慈濟，亦步亦趨跟進，確定了口罩運輸出入關的作業。美國方面由慈濟聯繫張經緯醫師組織美方口罩愛心接收群，共商入關美國後清關及貨運事宜。

儘管中美雙方嚴陣以待，意外還是發生了。濟捨分享，有一次，前一天談好的 N95 口罩突然「沒有了」，作為國家管控物資的中國貨源緊張，買家太多了。

這時，慈濟已找到海川泓國際貨運代理公司協助報關及聯繫貨運，可謂「萬事俱備，只欠口罩」，而這個「意外」打亂了所有的布局，屢買屢敗的施為愈挫愈勇，經來回交涉，終於採買成功，N95 在波濤洶湧之間飄洋過海到美國。

短短一週，中美兩方大愛接力，完成了從籌款、甄別真偽到採購口罩、報關、航運、美方清關等一系列工作，雖然一路荊棘，但最終走過來了！

慈喜分享跨越宗教的捐贈行動，任職於紐約水牛城 COVID-19 指定醫院的麻醉醫師張均奎是基督徒，經由這次合作認識佛教慈濟基金會，他讚揚慈濟的組織力、行動力，感謝有機會認識這樣的慈善組織。

濟捨說到彼時挑戰：「由於疫情迅速發展，採購個人防護設備相對困難。一路走來，感恩各界專業人士提供各種辦法採購防疫物資，幫助慈濟完成任務。最大的挑戰是，即使已下訂單，我們也要對可能發生的意外情況保持警惕，例如取消訂單、延誤訂單或減少訂單中的項目數量。」

接下來的工作是物資的分配，王誠駿及美國總會的唐朝設計了一個「請願單」，請求全美各分會的執行長、行政團隊及志工發送給各醫療機構填寫，主要是了解各單位每日所需，然後依據各筆「請願單」作評估，經過慈濟人仔細閱讀及正確判斷，提供適量的防疫物資。

慈喜回憶那段聽到電話鈴聲便害怕的採購經驗：「當時採購防疫物資很困難，時時刻刻都在擔心已下單的防疫物資可能被搶走，因為時差，濟捨每天半夜都會偕同王誠駿、唐朝與異地異國的 FDA 合格製造商聯繫，每個人都在努力不懈地為採購防疫物資而努力。」

接著是一連串馬不停蹄的行動，全美志工團隊前往各醫療機構，捐贈防疫物資給第一線工作人員。

短短幾個月，慈濟已經在超過六十八個機構捐贈大量防疫物資，其中包括南加大凱克醫療中心、洛杉磯加大雷根醫療中心、紐約市艾姆赫斯特醫院、哈林醫療中心、芝加哥、亞特蘭大、北加州等地醫院診所，以及警消單位、政府、遊民中心、學校等單位。

## 萬人萬餐救地球，勸素推素

慈濟人放眼全美醫療機構，也開放管道予無計可施的小百姓，肯．拉森就是其中之一。當他捧著得之不易的N95口罩說：「我想說幾句感謝的話，但是我的心⋯⋯」才剛開口就哽咽不能言語，在旁陪伴的濟捨、王誠駿及慈喜也紅了眼眶。

慈濟法律顧問張天駿補充：「肯的女兒希瑟是山谷長老會醫院加護病房的護理師，該院專門照顧新冠肺炎的病人，規定必須配戴N95口罩，而庫存的N95口罩即將告罄，而且加護病房已有兩位護理師確診，還有一位護理人員已往生，讓肯加倍擔心自己的女兒。」

4月初，美國醫療基金會雖已採購到N95口罩，但因種種因素遲遲未能運抵美國，肯只能排隊等候。在這之前，肯已經東奔西跑四處求助皆無所獲。

當紐約分會收到第一批N95口罩，濟捨特別拜託紐約分會執行長蘇煜升「通宵快遞」轉調一箱給醫療中心，總算在5月6日上午收到兩百多個N95口罩，肯立刻從梵努伊斯開車一個多小時到醫療中心提領。

救人如救火，肯在慈濟人的幫忙之下，搬運防疫物資上車，又風塵僕僕地奔向女兒任職的醫院。

疫情期間，慈濟陸續捐贈個人防疫物資給超過一千個機構，濟捨發現抗疫英雄經常因忙碌而誤餐，雖有坊間慈善團體捐贈午餐，但都是油膩的葷食。慈喜運用巧思，以五顏六色的蔬菜、水果搭配素食便當，吸引大家的注目，而蘇美娟、趙秀芳、鄒慶慶、黃美英及陳淑燕都是勸素的大功臣！

濟捨引述證嚴法師的開示：「戴口罩只是治標，阻止外界病毒進入體內，暫時的保護而已；唯有素食可以改善這個大環境，阻斷疫情不斷反覆的危機。」

志工趙秀芳分享素食便當的「演進史」，當時很多護理人員不幸染疫往生，有人提議送餐鼓舞士氣，因為老外較喜歡吃麵，元香素食餐館老闆曾傳生研製出飯麵合體、壽司便當及芝麻涼麵等三種素便當，讓醫護人員食指大動，有人還多帶一個回家與家人分享。

美以美醫院的優質服務部門主管達琳感性地說：「在疫情

期間，我們靠慈濟捐贈的防疫物資度過難關，如今看到慈濟人勸素，我感覺有責任回饋社會，呼籲自己親人及周邊的友人一起吃素，彼此幫助、吃出健康。」

過去六十多年來，加州大學洛杉磯分校附設兒童骨科醫院（簡稱 OIC）創立「國際兒童計畫」，慷慨幫助許多病童，在不計成本的前提下，無論各國病童的家庭經濟狀況如何，OIC 都會對美國境外的病童提供高質量的骨科醫療服務。

有史以來，OIC 一直扮演著「給」的角色，直到新冠疫情爆發，才面臨有錢買不到個人防疫物資的困境；當防疫物資的庫存即將見底，副總裁兼首席慈善官邁克爾只能哀傷地看著採購單上的「Back Order（延期交貨）」紅字而欲哭無淚……

4 月間，當邁克爾第一次前往慈濟醫療中心，心情十分忐忑，不斷自問：「真的有慈善機構能從中國大陸進口口罩？真的可以無條件捐贈給素不相識的我們？」長期以來都在付出的 OIC，突然轉換角色接受別人的幫助，其實有點不習慣。

直到連續互動一段時間，邁克爾再也沒有任何疑問。2020 年 10 月 12 日， OIC 在「讓兒童盪鞦韆」舉辦「高爾夫錦標賽」，並頒發「社區領導獎」給美國慈濟醫療基金會，感謝慈濟及時捐贈個人防疫物資，保證了所有的治療及手術如期進行。

濟捨代表慈濟領獎，並向大會來賓致感謝詞：「在新冠疫情流行期間，慈濟醫療基金會採購並捐贈個人防疫物資給各醫院診所，OIC 是其中之一。很高興我們建立了良好關係，慈濟將在日後持續關懷社區，捐贈防疫物資給有需要的第一線醫護人員，非常感謝邁克爾及 OIC 頒發這個獎項給慈濟！」

## 全美大醫王接力，接種疫苗

千呼萬喚始出來的新冠疫苗，一出場就碰到美國有史以來的超低溫、大風雪，阻斷運送疫苗的卡車去路，讓居高不下的疫情雪上加霜，彼時，美國僅有不到七成的人口完成兩針疫苗接種。

當街頭巷尾到處可見「大排長龍、一針難求」的畫面，慈濟全美人醫會在濟捨的呼籲下紛紛動了起來，並於新冠疫苗問世的第一時間向美國政府提出申請，為符合資格的居民（包括非法移民）免費施打疫苗。

一開始，政府疫苗數量不足，2020 年 12 月 31 日才收到第一批疫苗。政府以人口比例分配疫苗，洛杉磯的人口雖多，疫苗卻不成正比，根本無法趕上需求。1 月底，醫療志業收到了第二批疫苗，此後就穩定性地每週收到政府派發的疫苗。2 月 3 日起推出「慈濟醫療防疫熱線電話」，特別徵招十六位中、英文雙語志工接聽電話，其中四位通曉粵語，專人解答有關新冠疫情及疫苗的問題，協助病人、符合資格的居民及志工家屬登記接種。

疫苗接種行動至 3 月中為止，已服務超過一千人次，政府當局看到慈濟的認真與積極，3 月 18、19 日一口氣派發較大數量的疫苗，鄧博仁醫師決定在愛滿地診所施打，因為該診所當時沒有大規模對外開放看診，只提供電話問診服務及電話預約現場看診，不會造成病人與施打疫苗的居民發生群聚的局面。

因為有聯邦認證，慈濟醫療中心有取得疫苗的優勢；每次接種疫苗，志工準時完成前置作業及準備工作，預約的居民也早早來到，在志工的帶領下井然有序、保持社交距離，排隊等候施打疫苗。

經營餐館的 Wing Lee 是橙縣聯絡處創始志工李長科、李素清的兒子，當高齡九十歲的李長科夫婦試圖在網上登記，得到的訊息卻是「等候通知」，兒子向熟識的藥局老闆詢問，但被告知：「目前缺貨，要等疫苗！」

2 月 10 日，居住在橙縣的醫療董事葛濟覺即刻向濟捨及醫療志業同仁求救。2 月 11 日，兩位老人家在志工陪伴下，到慈濟醫療中心接種疫苗。

濟捨於 2021 年 1 月 13 日在臺灣向法師發願：「美國醫療基金會將爭取為一千人注射疫苗」，其實當時醫療基金會才拿到一百針，完全不知道何時會收到下一批。

由於北極氣團的惡劣影響， 2021 年 2 月 16 日美國出現歷史性低溫，內布拉斯加州氣溫降至華氏負 31 度，打破 1978 年以來的紀錄；與此同時，德州的達拉斯地區也出現華氏 1.4 度低溫，更是打破過去一百年的紀錄。年初的美國有部分地區壟罩在暴風雪之下，惡劣氣候一直持續至 2 月 19 日。

1 月 28 日，俄勒岡州南部已經連續幾天大風雪，載送疫苗的隊伍卡在高速公路上，目的地遠在三十英哩之外，而 COVID-19 疫苗必須在六小時內送達，否則有失效之虞，於是公衛人員冒著風雪挨車詢問駕駛人接種疫苗的意願，總算有駕駛人同意在風雪中的公路接種疫苗。

彼時的美國南方正面臨嚴寒低溫，除了斷電災情，COVID-19 疫苗的施打也大受影響，因為德州內部的疫苗運輸受到延遲，休士頓的疫苗施打中心被迫暫時關閉數日。

疫情期間（截至 2021 年 4 月 4 日為止），疫情重災區美國僅有 19% 的人口完成兩劑疫苗接種。所幸慈濟醫療團隊率先在南加州領隊開打，帶動全美各人醫會投入疫苗接種的行列。

帶領拉斯維加斯牙科義診團隊的阮帆醫師看到負責接種疫苗的卡什曼廣場人滿為患，大家一窩蜂大排長龍，祈求一劑疫苗，然而，能夠得到「解藥」的幸運兒微乎其微，而不諳英語、不識電腦的亞裔老人家占絕大多數，未預約、空等待好幾個小時之後，只能等到主辦單位的「抱歉」兩字，阮醫師將自己心疼亞裔老人家的心聲發表在臉書之上。

有心人麗蓓嘉醫師看到他的臉書，慈悲心油然升起，她是慈濟在拉斯維加斯義診的常駐內科醫師，也是漢德城圖羅大學的教授，此時此刻正帶著醫學院的學生在拉斯維加斯各社區接種疫苗，她靈機一動提出了解決方案——何不選在慈濟會所為亞裔耆老接種疫苗呢？

麗蓓嘉醫師說服內華達州緊急應變組的負責人，當局先後提供 300 劑、500 劑莫德納疫苗給慈濟拉斯維加斯聯絡處，為亞裔社區提供服務。

紐約人醫會副召集人楊廉醫師表示，紐約分會在年終「歲末祝福」之後動員志工成立臨時疫苗站，訓練志工投入為居民接種疫苗的工作。

由於疫苗的冷藏條件嚴格及數量不足，所以紐約政府管理非常嚴格，幾天前才會通知某定點將收到多少疫苗，疫苗一定要在開瓶後六小時內用完，若有浪費就會被政府罰款。如此嚴苛的條件下，紐約人醫會決定和亞美醫師協會合作，完成接種疫苗的任務。

活動總協調楊廉醫師分享，當時的紐約社會飽受一年多病毒攻擊，經濟危機、失業人口、犯罪率居高不下，人心惶惶。一些亞裔長者因不諳英文、不熟悉使用電腦，遲遲未能預約新冠疫苗的施打，志工協助填寫電子英文資料註冊及個人健康病歷，安排居民秩序接種疫苗。

3 月 22 日是佛雷斯諾聯絡處的第一場疫苗注射，主要是到佛雷斯諾周邊農工聚居的小鎮，為六十五歲以上的居民、農場工人、教育工作者和兒童保育提供者提供疫苗注射。

因為他們沒有交通工具到指定的注射疫苗區，整個佛瑞斯諾郡有一百多萬人，已打過疫苗的只有三十多萬人。慈濟再次與聖艾格尼絲醫療中心合作，為營造健康社區貢獻力量。

經過一苗難求的戰亂時代，濟捨的大願激勵慈濟人挺身做先鋒，打了漂亮的一仗，照顧了語言不通、電腦不行的弱勢亞裔居民；幾個月後，疫苗供應逐漸普遍，各大醫療機構及藥房都能提供疫苗接種服務，慈濟人醫會便功成身退了。

## 品書會雲間閱讀，法喜共修

由於臺灣本會「遍地開花讀書會」的推動成果輝煌，濟捨與慈喜希望美國醫療團隊也能了解證嚴法師提倡的法華精神，因此發起「醫療讀書會」，自 2021 年 1 月 7 日起，號召願意聞法的志工參與每週四下午 4:50 至 6:30 的讀書會，一起研討《靜思法髓妙蓮華》。

當濟捨及慈喜於 2020 年 10 月從美國返回臺灣，向法師報告醫療志業會務，受邀參加臺灣北區人醫會讀書會的聯誼聚餐，當日碰到讀書會的靈魂人物許心煦，以及很投入的郭碧娥，她們雙雙答應支持、陪伴開啟美國醫療讀書會。

除濟捨與慈喜之外，美國醫療品書會核心團隊包括鄧博仁、杜和益、王誠駿、鄒慶慶、薛麗兒、黃美英、蔣竹君、陳淑燕、廖文坊、林孟潔、陳正香及賴益賢等，大家分頭邀請組員，在 2021 年初順利啟動，由林孟潔醫師發心擔任班長。

林孟潔醫師身為班長，剛開始最大的挑戰是找人導讀分享，因為大家都很客氣，謙稱自己佛法不夠好，有人說：「我只是來聽，要講話就不來了！」

曾經被邀約無數次卻不成功的人終於答應分享，林孟潔說：

「也許他們是被我感動了，也許是向煩人的自己舉了白旗。還有一些醫生看我可憐，也站出來支持，算是同情票吧！」

最讓林孟潔印象深刻的是，濟搭及慈喜在品書會開跑的前幾個月，儘管人在臺灣，還是會輪流導讀，如果遇到前往花蓮的交通時間，就會事先把簡報做好並錄音，為每一位導讀人做好把關，確定材料無誤。

當黃美英邀請杜和益中醫師帶著三個女兒加入，並且發心承擔導讀及法益分享，品書會的進行如虎添翼，法益分享從靜悄悄、不敢發言到勇於分享、欲罷不能，有些來不及線上分享的，還會在 Line 以文字分享。

一路走來，讓慈喜最感動的是，接引到有緣的志工、同仁願意開始聞法；最大的困難是，診間忙碌的同仁沒法全心全身參與；最希望看到的是，醫療的所有團隊都能夠法入心、法入行。

慈喜鼓勵大家:「有心就不難，我們一起來結好緣做傳法者，傳法聞法，讓善效應傳遞給每一位菩薩！」

有人建議將每週要讀的資料，於一週前先放在 line 上，資訊一級棒的志工廖文坊立刻挺身而出，提供各種資料及連結，又花了許多時間進行線上教學。

「各位同學，下面有個示範影片，示範如何『share screen（分享畫面）』，先做為參考。」又考慮到光說不練可能沒效果，他又提供了免費的 Zoom 帳號給大家做練習，由於大小問題不斷，終於有一天，有人很小聲卻很勇敢地問：「怎麼沒聲音？」

廖文坊正經八百地解釋這個幼稚班問題，使用 Zoom 分享有兩個聲音來源：麥克風（分享者講話用），以及電腦音響（播放音樂和有聲音的影片）。螢幕後許多人偷偷按讚：「你不需要很厲害才問問題，要問別人不敢問的問題才很厲害！」

參加過幾場「遍地開花讀書會」的分享，慈喜歸納出品書會產生的「法與愛」效應，大致有改變習氣及相互關懷，前者「明白佛法和人生道理，會用法對治自己的心，改變不好的觀念和行為，更能度過人生的各種難關，身心有寄託、自在健康、家庭和樂，且如上人親臨說法，法入八識田中，結下永遠法緣」，後者讓大家的感情更好，相勉共行慈濟菩薩道，做委員發揮良能做別人的貴人，讓生命更有意義和價值！

杜和益醫師非常感恩濟掄與慈喜開辦推動「醫療週四品書會」，讓他獲益良多。這是他第三遍讀《靜思法髓妙蓮華・序品第一》，第一次是在內陸和氣，第二次是在臺北東區會所，這是第三次。經過前兩遍的基礎，第三遍再讀更有心得。

他認為法師講述〈法華序品〉不僅字字珠璣，法義滿篇幅，最難能可貴的是教我們如何「做到」，也就是教我們如何行經，把法應用在人間。所以再一次的反覆研讀，既有法喜，又能改善自己。

杜醫師感謝濟掄與慈喜的用心：「因為有他們倆的『箍』，所以美國慈濟醫療隊伍浩蕩長；也因為他們倆的『顧』，所以美國慈濟醫療品質蒸蒸日上。」

# 6.

# 大愛接力 永續經營

## 2021 年 再度交棒

濟捨將美國醫療基金會執行長傳承給鄧博仁醫師，轉而擔任醫療基金會董事會董事長，陪伴醫療團隊深耕社區、健全 FQHC；並帶領美國總會「募心募愛」團隊，一起接引更多有心人同行菩薩道。

## 年輕團隊有創意，再度傳承

經過深思熟慮，濟捨推薦鄧博仁成為新任執行長，憑藉他行醫二十多年及擔任慈濟醫療中心主任的豐富經驗，將美國醫療志業帶上新的高度。

2021 年 1 月 31 日，鄧博仁接下執行長的棒子，成為美國慈濟醫療志業有史以來最年輕的執行長。

十三歲隨父母移民美國，定居在南加州北嶺的鄧博仁是家中長子，當年小學五年級的鄧博仁很期待北嶺志工王慈倫來訪，因為她每次都會帶一本《慈濟月刊》送給鄧家人閱讀，讓他小小年紀便與慈濟結了好緣。

1999 年，鄧博仁考上醫師執照、完成住院醫師訓練後，接受王慈倫邀請，每週一次到慈濟義診中心看診，半年後他在北嶺開業，車程較遠，只好暫停義診服務；但只要慈濟在貝克斯裴爾德（Bakersfield）舉辦義診，他就「每傳必到」，還會「買一送二」，帶著自家診所的兩個助理一起參加。

然而，參與義診十年之久，鄧博仁卻對慈濟一知半解。為深入了解慈濟，鄧博仁於 2010 年首次返臺參加國際慈濟人醫會年會，當他代表美國人醫會接受採訪時，竟淚如泉湧，讓大家對這位「愛哭的男孩」留下深刻印象。

返美後，他開始參加慈濟委員見習培育，穿上藍天白雲制服，慢慢從「做中覺」得到解答，並在 2011 年再度返回心靈的故鄉花蓮，了解慈濟運作的組織章程。

他了解到法師的期許不是「看多少病人」，而是服務到何種程度，更希望美國的醫療志業要有慈濟人文。鄧博仁開始尋找所謂的「慈濟醫療人文」，並鼓勵志工投入醫療志業。

說做就做的鄧博仁發了兩個大願：一是病歷表愈來愈多，那代表上門求診的病人愈來愈多；二是病歷表愈來愈厚，表示來看診的病人都願意回診，慈濟的醫療服務愈來愈能被社會大眾接受。

2012 年，北嶺慈濟人已有讀書會，鄧博仁獲邀參加，從不缺席，更讓大家跌破眼鏡的是，他以臺灣小學五年級的中文程度，在讀書會中分享佛法，令大家對「中文馬馬虎，佛法呱呱叫」的他，另眼相看。

鄧博仁過去未曾有機會接受佛法的薰陶，直到進入慈濟，聽聞佛法後，想法、看法與做法都隨之改變，包括飲食習慣。

當他參加慈濟在帕沙迪納市立劇院演繹的《慈悲三昧水懺》，被告知所有入經藏者都要齋戒 108 天，他到處問人家：「為什麼要吃素？一定要 108 天嗎？」並得到各種不同的答案，直到有人反問他：「齋戒就齋戒，哪來那麼多問題？」他當下如遭棒喝，從此齋戒至今。

2012 年底，鄧博仁得知慈濟的門診醫師人力不足，遂接受當年美國醫療執行長曾慈慧的邀約，結束自家診所業務，轉任慈濟義診中心醫師。

習醫救人是祖父對鄧博仁的期望，他是一個做事很有效率的人，也願意犧牲休假日提供更多的醫療服務，常利用週一門診中心休息時間，與幾位醫療志工相約前往為沒有保險的低收入病人看診。

鄧博仁認為，能走入慈濟是幸福的事，所以他有機會就帶著兒子鄧國賢參加義診。

承擔執行長一職後，鄧博仁將美國醫療志業展望規畫成兩大部分。第一，FQHC 的基本功，主要針對診所的運作，政府要求各醫療中心做好門診家醫的工作，照顧好從老到少，甚至孩子未出生前就要照顧好孕婦。

鄧博仁有意再進一步提供相關醫療服務，舉例來說，慈濟門診中心有很多糖尿病及高血壓病人，他們需要每年定期檢查眼睛。他希望慈濟有自己的眼科，提供全方位的醫療服務；同樣的道理，糖尿病患者常衍生腳底潰爛的問題，所以需要足科，如此這般，慈濟醫療中心就會發展成多科系的診所。

第二，慈濟醫療基金會的另一個任務是慈善醫療，例如義診、大愛醫療巡迴車及營造「健康社區」等，藉此將慈濟的醫療服務送到最偏遠最貧窮的社區，雖然 FQHC 志不在此，但這是慈濟醫療志業的基本功。

濟捨喜見後繼有人，指出成為 FQHC 的慈濟醫療中心，應推出中西醫結合診療、提供兒童免費疫苗、癌症預防及早期診斷、糖尿病相關眼疾診治、免費提供藥物給無保險患者、兒童牙科服務、全口牙科 X 光攝影、社福服務中心、心理健康服務中心及醫療教育訓練中心等十大新服務項目。

為提高品質，成為以病人為中心的醫療之家，作為董事長的濟捨擬定了短、中、長期計畫：決定在第一年到第五年，增強前臺接待病患能量、招募更多有志之士加入醫療專業團隊、招募新同仁、提升各部門日均看診量，逐步實現正規化績效考核制度、計畫三年內達到收支平衡及擴建現有診所，或購買現成醫療大樓，擴充診室及服務項目。

第五年到第十年計畫，則是在慈濟人多的城市普設醫療中心如北加州、紐約、休士頓等；第十年計畫將在總會設立屬於慈濟的醫院，除了照顧貧苦病患外，也照顧慈濟家人。

## 醫療服務再進級，全美啟航

2021 年農曆元月十五小過年，美國總會愛滿地聯絡處張燈結綵、熱鬧滾滾，年來因疫情暫未開放的慈濟會所由裏到外灑掃乾淨，擺上鮮花盆栽，準備迎接一個重要時刻，這是醫療行政部門入駐愛滿地聯絡處二樓辦公室的大日子。

位於阿罕布拉的慈濟醫療中心自 1993 年成立義診中心至

今，經過二十七個寒暑，場地及設備早已不敷使用，當醫療志業於2020年10月通過審核，成為「聯邦標準的醫療中心」，重整及擴建的工作刻不容緩，由於醫療中心空間有限，初步計畫將行政部門遷出，以便在原址改建更多的診間服務病人，醫療志業體徵得美國總會及愛滿地聯絡處的同意，入駐愛滿地聯絡處二樓作為醫療志業行政部門辦公室，並選在元宵節舉行簡單隆重的入厝儀式，慈濟美國四大志業的負責人都到場祝賀！

當節目開始，志工團隊身著慈誠服或旗袍沿著樓梯兩側拉起紅色薄紗和彩球，由全球志工總督導黃思賢、美國總會執行長陳濟弘、愛滿地聯絡處負責人陳健及志工團隊代表會所歡迎，接著由鄧博仁執行長帶領醫療團隊走上二樓，參觀即將啟用的辦公地點，當醫療團隊拾級而上，接受粽串和彩球，寓意「步步高陞」及「更上一層樓」。

慈濟全球總督導黃思賢特地前來參與盛會，他分享美國慈濟的演進史，也鼓勵志工齊心發揚慈濟志業的光輝。他說：「醫療志業體已通過聯邦認證，既然得到認證，我們就要趕快往前走一步，擴建的當下，把行政中心移到愛滿地聯絡處，這是福慧滿地的地方。」

彼時正在臺灣的濟捨也捎來祝福：「感恩總會及中西洛團隊的促成，這次醫療志業全體總動員搬家，意義重大，原址在聯邦認證之後得以擴建，增加病人、品質及服務項目，四大合一的力量真的是 1+1=21 ！」

2021 年，陽光普照的三月天，新冠疫苗問世三月後，南加州仍飽受疫情威脅，在一「苗」難求的時刻，慈濟美國醫療志業挺身為民請命，爭取疫苗保護居民的健康與平安。

為提供更多的醫療照顧及更好的服務品質，慈濟邀約社區人士參加 3 月 20 日的「人本醫療，全美啟航」雲端募款晚會，一起為未來的醫療志業發展增添設備及空間，由於美國尚未完全擺脫病毒的陰霾，至今仍要避免「群聚」，所以只能在雲端間分享醫療志業的過去、現在和未來。

〈白袍禮讚〉大合唱為晚會掀開序幕，由鄧博仁及世界各地五十多位人醫會醫護人員、志工及善心大德參與演唱及錄製，中英文原聲發音，正因為歌聲南腔北調，有中文也有英文，感覺特別親切；雖然歌聲遠不及專業歌手，但演唱者的誠意及認真感動了所有的觀眾，展現了這首歌不一樣的魅力！

濟捨感恩大家的募款支持，慈濟醫療志業獲得聯邦認證，未來醫療服務會更深更廣，深度指的是為社區提供更多服務，招募更多的愛心醫護人員，創造以人為本的醫療環境；廣度指的是目前有三家診所、十輛大愛醫療車，可以在全美各地人醫會、各重點城市成立醫療網，繼續接引更多有心人認識慈濟，進而擴大醫療服務。

醫療志業的發展決定權，在每一個認同慈濟的人手中，每一位善心大德的付出，都將累積成就醫療志業的未來。雖然美國經濟在疫情衝突下大受影響，但當大家看到慈濟醫療志業組織優化、服務優化，有很好的願景，就願意認同及護持。

作為募款活動的幕後推手，濟捨非常感恩團隊的通力合作，突破景氣低迷的困難，不僅達標，而且是超標；他認為最重要的是：「我們一直秉持上人的教誨，信己無私、信人有愛，慈濟人所做的一切都是為了苦難眾生。捐款一方面為自己及家人植健康因，另一方面造福更多人。」

兩小時的節目環環相扣，娓娓細訴慈濟醫療中心、「健康社區」、大愛醫療車、社區及國際義診的感人故事。

最後，在〈擁抱蒼生〉的手語表演中，網頁下方的募款溫度計隨著觀眾的感動而捐款而直線上升，終至超越預定的目標，音樂聲中，志工用手語表演感謝所有的參與者，感恩大家的付出，感恩因為愛，生命可以如此寬闊並充滿法喜！

## 用心分送洗手液，圓滿任務

曾經，洗手液的庫存歸零；曾經，人們必須在超市外大排長龍，等候購買限人限量的洗手液，所幸疫情時期的噩夢，總算在疫苗問世之後逐漸遠去，然而，變種再變種的病毒仍蓄勢待發，讓人們不敢掉以輕心。

2021 年夏天，洗手液仍是生活中不可或缺的項目，如果「多喝水、勤洗手」是杜絕 COVID-19 的不二法門，那麼隨身攜帶洗手液便是避疫的良方。在疫情期間，千辛萬苦採購個人防疫物資的慈濟人不曾料想，全面施打疫苗後，竟然有人「送大禮」，捐贈十萬多瓶洗手液，請慈濟轉送給最有需要的人。

汽車板金修車廠老闆陳樹禮的岳母於 2018 年底不幸往生，慈喜及鄒慶慶協助辦理後事，又因緣殊勝聯絡了上百位志工前往助念，陳樹禮當下發心表示：「如果慈濟有用得上我的地方，小弟願效犬馬之勞！」

當經濟不景氣伴隨疫情而至，陳樹禮的朋友因囤積洗手液造成倉庫客滿而煩惱，他說動朋友，將十萬多瓶洗手液捐贈給慈濟美國醫療志業，再由志工轉贈給有需要的慈善單位、弱勢團體及個人。為了成就這件好事，陳樹禮居中聯繫協調，最初也因倉儲問題而猶豫，但最終克服萬難，歡喜接受。

5 月底，慈濟實業家丘騰昌來美探親、急病往生，6 月 24 日在洛杉磯玫瑰崗墓園舉行告別式。近百位美國慈濟人參加，濟捨也邀請丘家人到門診中心參訪及做志工。丘家兒女非常孝順，催促母親去慈濟門診中心體檢，避免重演父親的悲劇。

丘家人拜訪慈濟診所當天，得知捐贈的洗手液需要印製慈濟標籤貼紙，便表示可以提供貼紙並助印，原來丘家是文具進口商，一行人很快就在琳瑯滿目的商品中，挑選出合用的貼紙，經由設計、印刷，志工團隊接力黏貼後，每一瓶洗手液都有「慈濟關心您的健康」標籤及對白卡提供的醫療服務！

為了不辜負捐贈洗手液者的好意，醫療志業決定化整為零，由各區志工尋求有需要的團體及個人，並在最短的時間內，將洗手液送到他們的手中。

慈喜說：「在疫情反覆的節骨眼，洗手液扮演的是愛的傳遞、保護大家的角色。雖然要與時間、空間賽跑，既要在最短時間內送出，又要尋找倉庫儲存，還要動員志工尋找有需要的有緣人，這是一個難行能行的任務。」

詹雁如率先向慈濟三家診所附近的政府單位毛遂自薦，立即有兩個單位歡喜響應。先是與南愛滿地老人中心結緣，又與南愛滿地的市政府合作，為老人家提供「一站式」的健康服務，當場贈送洗手液。

遠地的拉斯維加斯也動了起來，秉持著「好東西要與好朋友」分享的主旨，先向過去捐贈個人防疫物資的醫療單位詢問，再向鄰近的老人院、老人福利中心、盲人中心、華人福利中心諮詢，最後是聞訊而來的各個團體，包括基督教的教堂都來求助，很快就為兩千多瓶洗手液找到主人了。

六月底、七月初，氣溫動不動就是華氏百十度，搬運一箱一箱的洗手液，汗水成串低落在停車場，沒一會兒就從地面蒸發了，車外是酷暑、車內是蒸籠，搬上搬下的志工，永遠帶著最美的笑容。

當慈喜包下洗手液這個「大工程」，很多志工為她捏了好幾把冷汗，不知道堆積如山的洗手液何去何從，所幸經過團隊的通力合作，一瓶瓶洗手液如期送到最有需要的人手上。

濟捨看著始終勇猛如獅子的妻子，發出由衷的讚歎：「慈喜就是有這種天分，既可以一眼看穿福田所在，又可以號召志工圓滿達成任務！」

## 牽手商家齊步走，同植福田

「什麼？慈濟診所在阿罕布拉市快三十年了？我怎麼都不知道！」9月3日，人行道大樹下迎來了忙碌的身影，搬桌椅、擺文宣，一瓶瓶洗手液、一盒盒的口罩排排站，慈濟人用「關心您的健康」和路人打招呼，進出國泰銀行的顧客駐足觀看，志工一一解說慈濟醫療團隊提供的服務，有人忍不住驚呼。

王誠駿表示，幾個月前，他去國泰銀行領取雲端募款的支票，想到該行一向護持慈濟，不久前才捐款一萬美元給醫療基金會，便帶著同仁官玉婷一起登門拜訪。

王誠駿向銀行提出「社區健康日」合作的構想，經過幾個月的溝通，終於獲得銀行的認同。這個合作不僅可以提升銀行對客戶的服務，也可以讓慈濟醫療團隊的服務推廣到社區。

國泰銀行提供阿罕布拉市及聖蓋博市兩個分行作為活動場地，一個在慈濟醫療中心附近，一個是人口集中的華人社區，兩個地點都很理想。

考慮到顧客最有可能到銀行提領生活費的時間，慈濟選擇了 9 月 3 日這個週末放假前的日子，果真吸引了不少社區人士前來了解。而活動開始前，慈喜也努力號召志工們盡可能出席，以提供民眾最好的服務。

慈濟醫療的「一條龍」服務，包括社會福利申請（白卡、糧食券、婦嬰幼兒特殊營養補充計畫）、醫療服務（提供西醫、牙醫、婦科檢查、中醫針灸）及小兒科及兒童牙科醫療服務（包括十八歲以下的疫苗接種及入學體檢）。

只要有人好奇靠近，志工即熱情招呼，詳細解說，結緣口罩和洗手液，提醒大家在疫情期間保護好自己。

王誠駿表示，目前其他健康中心都沒做「健康日」這一類活動，慈濟醫療運用這一個新的模式，不僅可以照顧到更多的社區人士，也可以帶動社區中的商業團體形成善的循環。

他說：「聯合社區團體舉辦健康日的活動結果很重要，希望參加的對象了解慈濟醫療可以做什麼，讓他們親身經歷所謂的『優質服務』。」

意外找回失散的志工是另一收穫，劉培君是國泰銀行副總裁兼阿罕布拉分行經理，過去曾是慈濟的資深志工，她在「健康日」之後，也前往慈濟醫療中心協助醫藥包的打包工作。

「健康日」活動首度亮相，就獲得國泰銀行及顧客一致讚揚，為了更積極地守護社區健康，慈濟醫療團隊將會持續推動「健康日」活動。

每一個長期計畫都需要時間及過程，王誠駿語重心長地說：

「Qualitative （品質）靠分享及口碑，Quantitative（數量）就靠看診人數增長。然而，這些都不可能立竿見影。正因為許多社區人士不認識慈濟醫療，我們更要讓大家知道轉換到慈濟診所後的『可能性』，現在所努力推動的一切，都是為將來鋪路！」

看到年輕人以不一樣的方式推廣志業，濟捨更相信自己接引年輕人傳承的眼光是對的。

## 姪女意外罹血癌，無常來襲

近年來，慈濟美國總會將年度募款劃分為 4 月醫療、7 月教育及 10 月慈善，方便善心大德捐款給各自願意護持的志業；2021 年，濟捨受命「挑大梁」，帶領募心募愛團隊奔赴每一個難行能行的挑戰。

一年三度的募心募愛活動讓濟捨、慈喜一直處在「與時間賽跑」的狀態中，即使合併了四月與七月的活動，還是感覺時間不夠用。直到 10 月設定的募款額度圓滿達標，且愛心逾雙倍，他們才終於能喘一口氣。

然而農曆春節過後，慈喜迎來的不是鞭炮聲，而是青天霹靂。2022 年 2 月 9 日，三十二歲的姪女許曉嵐來電，告知姪女婿剛換新工作，為了將她納入保險而請她去體檢，萬萬沒想到竟被檢查出血癌。殘酷的事實不允許濟捨與慈喜流淚哀傷，而是要想辦法救命。

許曉嵐住院治療並接受化療，無常就此正面、直接地示現在她自己、夫婿、母親（慈喜的五妹巧培）及全家人身上。疾病讓曉嵐的免疫力降低，為保護病人，巧培將每週一次、每次一人的探病機會，讓給了女婿，所有的愛與關懷均化作一道道營養美食。

濟捨、慈喜同樣承受著無比驚嚇、惶恐與不捨，但他們了解，此時此刻最重要的是陪伴並安住巧培及曉嵐的身心；同時，必須在最短時間尋找到最好的醫師為姪女診治。

他們感恩閻雲醫師及許多貴人陪伴曉嵐一家人度過危險期，感恩紐約長島展開為期三天的祈福會，近一百四十位法親用最虔誠的心上線為曉嵐祝福，感恩許多人聞訊前往希望之城

（City of Hope）捐血，並發揮愛心加入骨髓資料庫。

當曉嵐的姊姊和慈喜通電話，感恩他們為妹妹所做的一切，她引述妹妹的話：「我好像快死了，姊姊，我好愛你！」慈喜聽完後眼淚奪眶而出，原來，生離死別近在咫尺，原來親人之間的愛是如此這般深，卻很少說出來。

雖然家裏出大事，濟捨與慈喜仍要打起精神，因為「4 月 16 日健走」的啟動工作迫在眉睫，2 月 16 日準時召開會議，黃漢魁第三次提出要思考「為愛而走」的方向。

黃漢魁的話恍如醍醐灌頂，慈喜突然想到，或許有化憂傷為積極行動的辦法，於是大清早打電話請教文發室主任范婷，年輕的范婷想到一個化傷心為力量的方法——集眾募款（Crowdfunding），鼓勵慈喜將曉嵐的故事放上募款網頁，鼓勵社會大眾捐款給慈濟行善，為她的健康集氣植福，也為她的健康而走！

作為慈濟有史以來第一次集眾募款的第一個頁主，曉嵐的故事成功帶動了「善效應」。

健走當天，Be The Match: Donate Marrow or Blood Stem Cells

（骨髓／幹細胞捐贈資料庫）攤位人潮洶湧，寫著「18-40 歲健康人」的大看板吸引年輕人趨前查看，到底是為什麼「配對」。作為攤位負責人之一葛甄蓉（濟捨的女兒）笑臉迎人，耐心對民眾解釋骨髓移植配對的細節。

「我們在這裏尋找願意捐髓的有心人，因為有些疾病是無藥可醫的，比如血癌，骨髓移殖是病人得以生存的唯一途徑。Be the Match 機構已簡化程序，只要五分鐘，您就可以挽救一條生命。您只要將採樣棒置入口腔兩側各 10 秒鐘取樣，檢驗員將數據輸入大資料庫（骨髓銀行）進行配對即可，真的很簡單，不但免費而且步驟容易。」

甄蓉告訴與會人士，她的表妹曉嵐近日被查出血癌，如果能夠找到匹配的骨髓，她的生存率可以從 10% 增加到 70%，她懇請大家參與配對，即使與曉嵐不匹配，也許可與其他人匹配，並挽救他們的生命。（註：經由社區總動員，曉嵐後來找到了與其匹配的捐髓者。）

願意捐贈者可透過網頁登記，然後會收到一個拭子套件，取得免費測試，採樣後寄回即可。目前全球幹細胞數據庫中，並沒有適合曉嵐的幹細胞配對，而相同種族背景的人，配對率較高，所以需要更多華人參加配對測試。濟捨、慈喜與巧培感恩社會大眾及法親的幫助，曉嵐終於找到配對成功的有緣人，接受骨髓移植，走向康復之道。

## 號召健走拉長情，人間有愛

在許多慈善團體的眼中，「健走」絕非募款良策，因為來者大多是普羅大眾，募捐到的可能是小額捐款，而且此刻的大環境受疫情影響，景氣蕭條、募款不易，再加上籌備時間有限（僅兩個月）、健走經驗不足，以及同時間發生的俄烏戰爭等災難，更是雪上加霜，為什麼美國總會選擇舉辦健走呢？

領導募心募愛團隊的濟捨表示，美國總會園區因疫情來襲而閒置兩年，很希望藉由健走活動重新啟動，邀請坊間善心大德上山一窺慈濟的面貌，進而菩薩大招生；再者，慈濟人「信己無私，信人有愛」，相信能在團隊的通力合作下，圓滿達成任務。

2022 年度的美國慈濟健走活動有兩大特色，一是邀請各社區的實業家贊助活動，一是集眾募款。濟捨表示，要感謝慈喜的先見之明，她告訴團隊：「很多公司都有市場廣告預算，請大家出面邀請公司行號贊助慈濟，鼓勵贊助會比募款簡單，因為用的是正常的營銷經費。」

健走海報會列出贊助者的公司行號，第一刷於 2 月 15 日印刷出爐，當時僅有十五家公司贊助，但慈喜絲毫不氣餒，又於 2 月 28 日推出第二刷海報，列出新的贊助名單。

最終有超過三十家公司共襄此舉，持續大額捐款的護法超過兩百二十人，隨喜捐贈的也超過一千七百人。在健走活動鳴炮前，已為南加州社區爭取經費，提供更多、更好的醫療和教育資源。

集眾募款是年輕化的運動，一般都是為故事主人翁募款，而慈濟的改良版卻是勸人捐款行善，同時為故事主人翁集氣植福。

在這次七十二支隊伍的「群眾募款」專區中，當屬「尋找有緣人」及「皇后有難」兩個頁面最為成功，前者募款

$27,205，後者也有 $23,045 的佳績，誰能想到 $10、$20 的小額捐款，竟真的能匯積成塔？

「尋找有緣人」的頁面故事，發起人是濟捨：

「今年，我們再一次為支持美國慈濟醫療志業而募心募愛。然而，一個令我們全家心疼且心碎的原因，使我們希望能夠號召更多人，一起來為需要醫療服務的人付出！

我們的姪女許曉嵐最近被診斷罹患血癌，身體遭受無法言語的折磨。而化療在殺死白血球的同時，也會殺死其他血球，所以在治療過程中必須不斷輸血。讓我們萬分感動的是，當我們在慈濟以及親友社群裏呼籲，就有許許多多的愛心人士響應捐血！曉嵐在僅僅一天內，就獲得足夠的血液，也為她在等待骨髓配對和移植同時，爭取到了寶貴的時間。

我們知道還有無數像曉嵐一樣經歷著病痛的無助的人，真誠地希望社會各界愛心人士都能在他人生命危困時，伸出援手，讓他們獲得亟需的治療，拔苦予樂。

透過此群眾募款平臺，希望您慷慨解囊，支持美國慈濟醫療志業。感恩您的支持，感謝您的愛！」

「皇后有難」的頁面故事，發起人是郭美娟：

「又到了一年一度要為美國慈濟醫療志業募心募愛的時節，今年將以健康陽光的健走，帶領大家一起走入大自然來募集社會的愛。

我們親愛的茹菁師姊因腦脊椎神經受損，即將在四月接受腦外科手術。見到她因病而苦，更令我了解到醫療對所有人的重要性，無限感恩茹菁師姊願意讓我用她的故事，為此次 2022 慈濟健走活動，號召更多的會眾一起為有醫療需求的人加油集氣，也為慈濟醫療募款，幫助更多需要幫助的人。

過去，我們常常會在慈濟的各項活動中，見到茹菁師姊忙碌穿梭在會場中拍攝、採訪的身影。過去二十五年中，她一直在拉斯維加斯聯絡處默默耕耘，經常自費參加各類國際或地方慈濟活動，為美國慈濟留下重要的文史足跡。她是如此赤誠付出一念心，投入慈濟的『人文真善美志工』行動。

自 2017 年起，茹菁師姊就被腦血管栓塞疾病困擾，但她以堅韌的性格克服病痛障礙，仍上山下海、東奔西走，親自參與各項慈濟活動；2021 年 7 月，她不遠千里報名參加國際賑災行程，當時她並不知道自己的病況正逐漸加劇，在厄瓜多賑災旅程中，多次摔倒在地。

即使如此，也沒有影響到她為災區鄉親付出，在白天忙碌且疲累的發放後，她犧牲睡眠時間，徹夜整理當日採訪的文稿及圖片，滿腦子都是災民的悲慘身影，手裏一邊忙著要彙整的資料，一邊卻擦不乾憐惜災區苦難的淚水。

回到美國後，她又摔裂了膝蓋，此時方知她的腦血管栓塞已達 95%。同時，頸椎也可能在某一次重摔中受傷錯位，造成右半邊身體無力和患處疼痛，必需進行腦外科手術修復。

我認識茹菁師姊只有兩年多時間，很多人可能比我更早認識她，一路見證著她樂觀面對身體的不適、永遠都是用堅強的笑臉付出，可能轉個身，用手背把淚水抹乾，繼續向前走！

我深深了解我們周遭還有無數像她一樣的生命鬥士，他們或許因種種原因，無法獲得醫療服務，幫助緩解病痛。而我們只要共同付出一點點關懷，就能幫助這些病患獲得慈濟醫療所提供的視病猶親的人本醫療服務，平撫病患本人與他們家人焦慮無助的心，在困頓苦境中獲得站起來的力量。

透過2022慈濟健走活動和群眾募款平臺，期許您與我一起慷慨解囊，支持美國慈濟醫療志業，讓我們用行動一起為茹菁師姊大聲喊出『加油』，並祝福她手術順利、早日康復！」

濟捨及慈喜邀請大家準備一雙好走的運動鞋，為人本醫療和全人教育募款而走——無論身在何處、無論用慢走、跑步、或騎腳踏車的方式，來完成五公里的距離，將慈悲濟世的心化作「行動力」。

濟捨向團隊分享上人說的「度與募」，佛陀來人間度化眾生，慈濟入人群募心募愛，佛陀的「度」與慈濟人的「募」，意義是相同的，都是為了啟發愛心，將人們帶往對的方向。

「上人開示，人生的價值不在歲數大小，而在於能否走入人群去付出，對社會人間有沒有幫助，或是能不能做出典範帶動人。生命的價值，不在於自己擁有多少財富或有偉大成就，而在於曾經幫助過多少需要幫助的人。」

在姪女曉嵐發病時，有人問慈喜：「你們做了那麼多善事，應該一帆風順才對，怎麼還會遇到不好的事情？」濟捨說，這種觀念是不正確的，佛法所說的「富」與「安」，不在於外境如何，而是著重在自我的心境——心中富有愛與安詳，不論遇到任何事情，內心都能保持平靜。

佛法講「因緣果報」，種如是因，得如是果；對於果報，應該自我調適心態，以樂觀的態度、及時行善，來開創新機運。因此，並非學佛就不會遭遇逆境，只是當果報來臨時，較能放下心結，因為看得開，才能接受別人的關懷、勸導，如此自然身心輕安。

回想濟捨的前半生，從岡山頑童，到英語開竅的中學生，到生物系高材生，卻又決定重考醫學系，搖身一變成為考取臺大醫學院的大黑馬，穿上了人人豔羨的白袍。但在妻子一聲令下，換上西裝，一面進軍商界，一面重回校園研讀EMBA，改換跑道成了企業家。

四十六歲發心立願成為全職的終生志工，走入慈濟世界。濟捨的人生像是挑戰攀岩，一次又一次地征服高峰，最後化絢爛為平淡，選擇了慈濟作為歸宿。

濟捨將自己的生命分為三個階段，一是成長懵懂期，二是探索追尋期，三是實踐完成期。他做過四種不同的工作，做醫師、做生意、做財務規畫師、做慈濟，不同領域有不同的挑戰，但他總是興致勃勃，而且都做得還不錯。

他的人生旅途看似順遂，其實不然，他曾是一個連話都說不清楚的口吃小孩，欠栽培的鄉下學生，醫學院裏獨自摸索的獨行俠，以及赴美求學的窮學生。濟捨如何迂迴前進數十年，才找到人生的方向，透過閱讀他的故事，希望人們可以看到一個人如何以毅力和勇氣克服萬難！

在充滿挑戰的人生中，濟捨不曾因遭遇困境，拿不出解決辦法而哭泣。唯一能讓濟捨流淚的，是看到證嚴法師或慈濟人，為苦難的人積極奉獻，默默付出，難行能行的時候，那一分無所求付出的真情流露，總會讓他淚流滿面……

面對人生的荊棘路，他是勇敢的；面對生命的感動面，他又是感性的。正因為如此，他才能怡然自得地走在菩薩道上，將富貴功名視如過眼雲煙。

## 【附錄】葛濟捨生平年表

| 西元 | 簡述 |
| --- | --- |
| 1951.04 | 出生於高雄岡山 |
| 1966 | 就讀臺北師大附中夜間部 |
| 1969 | 就讀輔仁大學生物系 |
| 1970 | 重考，就讀臺灣大學醫學系 |
| 1977 | 入伍 |
| 1978.03 | 與孫筱培女士結婚 |
| 1979-1980 | 任臺北榮民總醫院外科部住院醫師 |
| 1980.04 | 女兒甄蓉出生 |
| 1980.09 | 就讀紐約州立大學下州醫學院病理研究所 |
| 1980-1984 | 任紐約州立大學附屬醫院暨布魯克林皇郡醫院病理科住院醫師 |
| 1981.04 | 妻子赴美定居 |
| 1982.06 | 兒子兆平出生 |
| 1984-1991 | 任西奈山醫院病理科主治醫師兼細胞檢驗室主任 |
| 1984-1997 | 與妻子一起創業，經營成衣進口生意 |

| | |
|---|---|
| 1993-1995 | 攻讀紐約市立大學柏魯克商學院 EMBA |
| 1994 | 認識慈濟 |
| 1995 | 慈濟紐約長島聯絡處成立 |
| 1997 | 任長島聯絡處負責人 |
| 1998.03 | 前往中國貴州貧困區發放 |
| 1998.10 | 喬治颶風 9 月橫掃加勒比海五國，前往多明尼加勘災和賑災 |
| 1998.11 | 密契颶風 10 月重創中美洲，前往宏都拉斯賑災 |
| 1999.02 | 哥倫比亞 1 月發生地震，前往賑災 |
| 1999 | 用心推動會務，長島聯絡處升格為長島支會 |
| 2001.01 | 薩爾瓦多地震，前往賑災 |
| 2001.07 | 任美國總會副執行長，為此舉家遷住洛杉磯 |
| 2002.02 | 兼任洛杉磯慈濟義診中心執行長 |
| 2002.09 | 紅十字會紀念 911 追思會，代表證嚴法師接受頒獎 |
| 2003.04 | 臺灣 SARS 疫情擴大，支援購買 N95 口罩 |
| 2005.01-02 | 南亞海嘯後，帶領美國人醫會前往斯里蘭卡義診 |
| 2005.08 | 卡崔娜颶風造成嚴重災害，留守總會，支援德州賑災 |
| 2006.06 | 任美國總會執行長 |

| | |
|---|---|
| 2006.10 | 美國總會獲美西華人學會頒發「第二屆人道關懷獎」，代表受獎 |
| 2007.03 | 證嚴法師獲南加州華裔民選官員聯誼會頒發「世界和平獎」，代表受獎 |
| 2008.05 | 加州蒙特利公園市(Monterey Park)、鑽石吧市(Diamond Bar)、天普市(Temple City)、阿罕布拉市(Alhambra)政府訂定5月24日為慈濟日，代表接受證書 |
| 2008.06 | 代表慈濟與美國紅十字會簽合作備忘錄 |
| 2009.01 | 海地連續遭四個颶風及熱帶氣旋重創，前往賑災 |
| 2010.01 | 海地地震，多次前往勘災及賑災 |
| 2010.07 | 慈濟成為聯合國經濟社會理事會具特別諮詢地位的非政府組織成員 |
| 2011.03 | 代表慈濟醫療志業基金會與全國器官捐贈協會(AOPO)簽訂合作協議 |
| 2012.03 | 卸任執行長，改任副執行長，輔佐新任執行長 |
| 2012.03 | 任美國永續募心發展室主任 |
| 2012.11 | 參與中國北京市「第二屆慈濟論壇暨第六屆宗教公益事業論壇」，並代表分享 |
| 2014.03 | 任慈濟美國醫療志業執行長 |
| 2016.04 | 厄瓜多地震，前往賑災 |

| | |
|---|---|
| 2017.04 | 策畫申請成為聯邦認證醫療中心 |
| 2017.09-2019 | 墨西哥地震賑災後，率醫療團隊每季一次前往義診，並在當地成立人醫會 |
| 2017.10 | 出版《捨得歡喜》，返臺分享美國慈濟志業發展現況 |
| 2019.03 | 率領美國團隊在總會園區舉辦第五屆全球人醫論壇 |
| 2019.07 | 帶領醫療團隊赴厄瓜多義診 |
| 2019.12 至今 | 冠狀病毒肆虐全球，早期採購防疫物資贈予中國大陸疫區，中期反向操作，向中國採購防疫物資贈送全美各醫療診所及醫療單位，並推動「萬人萬素救地球」活動向醫護人員及社區人士勸素，同時向美國政府爭取疫苗全面施打 |
| 2020.10 | 通過申請成為聯邦認識標準醫療中心 |
| 2021.01 | 卸任、傳承美國慈濟醫療志業執行長職位，任美國慈濟「募心募愛」項目負責人以及美國慈濟醫療基金會董事長 |
| 2022.01 | 籌備美國慈濟阿罕布拉醫療中心擴建計畫 |
| 2022.06 | 通過美國聯邦認證醫療中心年度審查 |
| 2022.08 | 辭去美國慈濟職務，返回臺灣養病 |

## 【附錄】感恩與祝福（按姓氏筆畫排序）

濟世救人利群生，捨下身段悟真空；慈悲度眾覺有情，喜上眉梢證妙有。 —— **王本榮**（慈濟教育志業執行長）

不停地為眾生奔走，窮盡心力募心募愛，是慈濟道場信願行的楷模！ —— **王正茵**（美國慈濟志工）

慈濟喜捨雙道侶，菩薩道上信願行，善行義舉利眾生，人品典範結善緣。 —— **石濟品、林慈觀**（美國慈濟志工）

取捨之間，歡喜自在。 —— **何玉菁**（慈濟科技大學主任祕書）

濟世憫人萬般捨，慈悲為懷滿心喜。

—— **杜本瑺**（美國慈濟人醫會醫師）

不分種族膚色為孤苦弱勢貧病義診，施醫施藥施錢糧，拔苦予樂，合和互協，人醫心傳，為美國醫療樹立典範。

—— **林欣榮**（花蓮慈濟醫學中心院長）

疫情期間，總在雲端看到他們為慈濟「奔波」的身影。祝福身體健康，持續說慈濟！

—— **長金滿**（慈濟美國波士頓聯絡處負責人）

一沈穩內斂，一熱情積極，以長情大愛為底蘊，以感恩、尊重、愛為食衣住行，接引有緣人深入人間苦相見苦，並能反觀自照知福。

—— **姚仁祿**（慈濟人文志業合心精進長）

祝福好書能全球通！ —— **姚時菁**（美國慈濟志工）

喜心無憂，勇猛精進，用淚水與歡笑，一心耕耘靜思風光，成就滿穗人生。捨心無求，遍施福田，用愛心結合智慧，以信願行佈善種子，力行菩薩大道。

—— **張慈施**（美國慈濟志工）

大承擔、大修行，個中滋味真的是六度萬行！

—— **張華榮**（美國慈濟志工）

歡喜付出結善緣，能捨始得大自在，菩薩慈悲勤播種，期待新書廣傳法。 —— **許雪華**（臺灣慈濟志工）

精彩人生見證捨得、歡喜付出，堪為人間菩薩典範。

—— **郭秀枝**（臺灣慈濟志工）

在美國參與慈青活動時受到很多照顧，他們的生命故事展現「喜捨」的真義，實為後輩學習典範。

—— **郭又銘**（慈濟科技大學廚藝管理系副教授）

他們的生命意義與價值，是一輩子持續不斷的「恆持剎那，步步踏實做」所累積的。——**陳美惠**（臺灣慈濟志工）

走入慈濟投入愈深，才知道自己愈渺小，看到許許多多的大善士，就如濟捨慈喜賢伉儷，用生命付出，在慈濟菩薩道上一起成就人生的真善美。

—— **黃成德、郭芷伶**（美國、臺灣慈濟志工）

方向正確，對的事做就對了，但要恆持，二位的勇猛、毅力、耐力，相信在您們的生命中會有更多利益人群的好因緣來成就。

—— **楊輝華**（美國慈濟志工）

慈悲付出，菩薩行者的身影；智慧喜捨，真空妙有的化身。

—— **鄒慶慶**（美國慈濟志工）

感恩濟捨夫婦二十多年來，持續關懷鳳凰城的醫療與慈善志業的發展。　—— **劉人仰**（慈濟美國鳳凰城聯絡處負責人）

步步慈悲一路走來，如實法喜匯入書中，肯定感動無數品書智者善的共鳴，共震出無量入世功德。

——**潘明水**（南非慈濟志工）

有捨定有喜，感恩一路來的陪伴，讓我跟著走就能法喜充滿，到處結好緣。 ——**鄧博仁**（美國醫療基金會執行長）

募心募愛，使命必達；悲智雙運，人品典範。

——**穆慈滔**（前慈濟美國教育基金會執行長）

「慈悲是宇宙生生不息的祕密」、「心存善念就有不同的結局」。 ——**謝濟諾**（大成鋼創辦人兼總經理）

您們是我們學習的對象、偶像、粉絲加崇拜者！

——**謝濟介、蔡慈紹**（美國慈濟志工）

一年之計莫如樹穀，十年之計莫如樹木，濟捨師兄和慈喜師姐讓我們看到，終身之計莫如樹人。

——**簡守信**（臺中慈濟醫院院長）

# 捨得歡喜（典藏版）——葛濟捨和孫慈喜的喜捨人生

作　　者／鄭茹菁
照片提供／葛濟捨、孫慈喜、慈濟花蓮本會文史處採輯室數位典藏組、
　　　　　慈濟美國總會
主　　編／陳玫君
美術指導／邱宇陞
美術設計／甯好工作室

創 辦 人／釋證嚴
發 行 人／王端正
合心精進長／姚仁祿
傳 播 長／王志宏
平面內容創作中心圖書出版部首席／蔡文村

出 版 者／經典雜誌
　　　　　財團法人慈濟傳播人文志業基金會
　　　　　112019 臺北市北投區立德路 2 號
編輯部電話／ 02-28989000 分機 2065
客服專線／ 02-28989991
劃撥帳號／ 19924552　　戶名／經典雜誌
印　　製／新豪華製版印刷股份有限公司
經 銷 商／聯合發行股份有限公司
　　　　　231028 新北市新店區寶橋路 235 巷 6 弄 6 號 2 樓
　　　　　02-29178022
出版日期／ 2023 年 1 月初版
定　　價／新臺幣 360 元



國家圖書館出版品預行編目 (CIP) 資料

捨得歡喜：葛濟捨和孫慈喜的喜捨人生 / 鄭茹菁著 . -- 初版
臺北市：經典雜誌，財團法人慈濟傳播人文志業基金會，2023.01
336 面 ;21X15 公分
典藏版
ISBN 978-626-7205-19-8( 平裝 )
1.CST: 葛濟捨 2.CST: 臺灣傳記 3.CST: 醫療服務
783.3886　　　　111019652